翻轉學

翻轉學

翻轉學

翻轉學

賺錢 > 更賺自由的

FIRE
理財族

低薪、負債、零存款、打工族……也能達到財務自由，享受人生

PLAYING WITH FIRE
FINANCIAL INDEPENDENCE RETIRE EARLY
How Far Would You Go for Financial Freedom?

Scott Rieckens
史考特·瑞肯斯——著
葉婉智——譯

目 錄 CONTENTS

好評推薦

「史考特・瑞肯斯透過務實可行的建議，提供了被迫籠罩在膨脹生活裡的網路悶世代，一個能夠兼顧財務獨立與生涯發展的清楚解答。」

—— 柴鼠兄弟，斜槓型 YouTuber

「熱衷改變信仰，以電影製片人的說故事口吻，史考特訴說自己與其他人的『追尋 FIRE』旅程。讀者不妨自身一試，看看是否適宜。部落客和作家大力鼓吹『FIRE 運動』，一般人也因此大為改觀；認識這些人，令人大感欣喜。」

—— 薇琪・魯賓（Vicki Robin），
《跟錢好好相處》（*Your Money or Your Life*）共同作者、
《賜福於餵養之手》（*Blessing the Hands That Feed Us*）作者

「故事真正啟發人心，證明儲蓄並非意味著犧牲。本書是

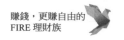

你鍾愛的生活之道。」

——葛蘭‧薩巴帝爾（Grant Sabatier），
《財務自由，提早過你真正想過的生活》
（*Financial Freedom*）作者、
「千禧理財網站」(millennialmoney.com) 發起人

「在這本《賺錢，更賺自由的 FIR 理財族》，史考特‧瑞
肯斯分享『FIRE 運動』的精闢之處。他娓娓道來，坦然深入解
讀動聽的個人故事，使人一頁頁想看下去。如果您對『財務自
主，提早退休』興趣盎然，或僅是想把快樂看得比金錢重要，
請『悅讀』本書。」

——查德‧卡森（Chad Carson），
「卡森教練」（*Coach Carson*）部落格創始人、
《以不動產提早退休》（*Retire Early with Real Estate*）作者

「史考特‧瑞肯斯欣然信奉『FIRE 運動』，成效斐然，做
出艱難的必要抉擇，激烈改變他家庭的財務未來。想要展開類
似生活境地的人，都能曾從此書獲得啟發。如果你覺得困住
了，或是無法伸展創意才情，而且過著無法自我掌控的生活，
那麼，這或許正是你所需的書。」

—— 史考特・銓屈（Scott Trench），
《作主生活》（*Set for Life*）作者、
「大錢包理財」（*BiggerPockets Money*）播客訪談主持人

「本書故事精妙絕倫、休戚相關、由衷誠摯，說出一對夫婦的轉變，原本是過度消費者，後來發現時間的價值勝於所持之物。本書總結交織出他們的親身經歷，充滿可行資訊，還有為數不少的經驗談和示例，看誰不再為了尋求意義而爭個你死我活。閱讀本書，愛不釋手。」

—— 寶拉・潘特（Paula Pant），
「應有盡有」（affordanything.com）網站創始人

「通往 FIRE 的康莊大道，並非一蹴可幾。本書精妙捕捉了許多人沿路面臨的興衰起落。然而，能以如此貼近的眼光，打從一開始就深入了解這個家庭的經歷，實在罕見。本書讓人一窺其中，了解更多生活紀錄，探究精采幕後花絮。內含饒富趣味的背景故事、可愛討喜的個人時刻、切實可行的建議，幫助你早日達成自己的財務目標。」

—— 布藍登・甘奇（Brandon Ganch），
財務獨立科學實踐者（Mad Fientist）

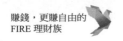

「要是你的生活能有 180 度大轉變，打破『上班領薪』這種苦差事，追尋財務獨立，會是怎樣？在本書中，史考特‧瑞肯斯和泰勒‧瑞肯斯詳述他們不可思議的澈底改變，其建議睿智簡明，人人適用：少花錢、多賺錢、投資差額，創造自己的人生空間，追尋真正的快樂和終生長久的關係。」

—— 布萊德‧巴瑞特（Brad Barrett）、
強納森‧門多薩（Jonathan Mendonsa），
「選擇財務獨立」（ChooseFI）播客訪談共同主持人

「對於門外漢而言，追尋財務獨立，看似奇異又不可能做到，也可能使人氣餒。但其實這不難，而且深植於美國人的心理。若你很納悶，真實時空裡的這條路徑像什麼？史考特和泰勒將引領你一路前行，這是一個永無止盡、持續進展、引人入勝的故事。」

—— 吉姆‧柯林斯（JL Collins），
《簡單致富之路》（The Simple Path to Wealth）作者

推薦序
想獲取金錢與自由，
必須背離消費主義

—— 彼特·阿登尼（Pete Adeney），美國知名部落客
錢鬍子先生（Mr. Money Mustache）

現代生活日趨榮華富貴，前所未見。相較於過往，汽車愈來愈快、電視愈來愈大，食物更加便宜了（按平均收入比例而言）。可是，為何卻看似難以達到收支平衡？

原因在於：有一個精心設計且技藝高超的巨大行銷陷阱，坐落在我們與「快樂度日，實現理想人生」這個真切目標之間；引誘我們陷入忙碌、奢華、壓力、困惑的存在感，而現今的人幾乎都這樣過活。這個陷阱有時稱作「消費主義」（consumerism），但它如此普世共通且精心偽裝，大多數人只好稱為「現實」。

在諸如美國此類的富裕國家，幾乎所有人活在這個陷阱的

虎口之下。我們找到薪資最優的職務，勤奮工作，幾乎耗盡全部空閒時間以換取金錢，然後再花掉大多數的錢，求取我們可能負擔得起的最昂貴事物。在大多數情況下，甚至還借用或租賃這些東西，盡己所能抓住機會，一路攀升，躋身奢華上流。

萬一可能金錢短缺，我們認定，只需要出門上班，賺更多錢就好。而一旦事情發生，甚至時間更加緊迫，即使愈陷愈深，反而犒賞自己一些生活好物：既然都已經這麼努力工作了。何不給自己至少一些獎賞？

停！這是陷阱！全都都是！

但是要怎麼停止？當周遭世界全都陷進相同圈套，倘若你選擇不從眾行事，所有人甚至可能質疑你或大肆批評。

要是配偶拒絕放棄他那輛舒適寬敞的休旅車，或是他整櫃滿滿的專業套裝，即使這意味著耗費大多數人生背負債務，情況會怎麼樣？

一百多年來，這個陷阱以精明的行銷方式，早已為我們布下天羅地網。其最大的強處來自我們內在的人類弱點：我們易

於與身邊的人相互比較，並且假定同儕所示之物都是正常且值得仿效的。

但這並非絕對值得仿效的事。事實上，這已被證實是失敗之方，並可以解釋為何在工作了將近二十年後，一般美國中年人身價仍舊僅值幾千美元而已。獲取金錢和自由，正如生活中的任何其他技能一樣：為了比同儕還要成功，你必須與他們反其道而行。

我恰好天生節儉，渴望以獲取錢財為樂，卻無天生從眾本能，不願盲從其他人風行之事。至於我早年的財務生涯，我的伴侶與我志同道合，一起共同度過。所以，我們的職涯途徑很短，大約在 30 歲就退休，期間沒有太多阻力。

但是，大多數人面臨更加嚴峻的旅程。一開始他們可能生活優渥，高額消費且背債度日，後來更加陷入勤於消費的氛圍，到處亂購物。他們的配偶可能也是同道中人。一旦被這種般生活方式卡住了，想要從中脫身，可就非常棘手。

這就是箇中原由，此書是有關史考特與泰勒的故事，對我而言深具意義。他們跨越龐大的生活觀點鴻溝，能夠分享自身

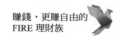

的旅程。如同許多人的經歷，他們也曾遭遇困境。而更加令人激賞的是，他們克服了每項艱辛，持續前進，並找出方法，重新商議自己的難處，同時使婚姻更堅定、情誼更完善。

夫妻倆被迫陷入工作牢籠，時間少說也有數十年，但他們從另一面逃出來了。儘管如此，他們比以前更加興致高昂，活力充沛地從事意義深遠的財務運動。坦白說，史考特在故事開頭提及的這類家庭，也能做到財務自由，我簡直不可置信。

不過，看到他們的成功，我現在心存更大希望，但願到處都有更多人的生活日益財務獨立，享受豐碩果實。我也認為，各位也該滿懷相同希望，讀了本書後，循序漸進，展望自己的未來。

前言
「財務自主，提早退休」
人人都做得到

對有意義且快樂人生的探索，早已不是新鮮事。古希臘哲學家蘇格拉底（Socrates）告訴我們，快樂的祕訣不在於追尋更多事物，而是要發展懂得安貧樂道的能力。孔子更曾言：「發憤忘食，樂以忘憂，不知老之將至」；古希臘哲學家亞里士多德（Aristotle）則說「幸福取決於我們自己」，而不是取決於我們穿戴的手錶品牌，也不是我們曾經遊歷過多少國家。就連現代研究也這樣表示：「親密關係更能使人終生快樂，超乎金錢名利」。

我很肯定，這些都是老生常談了。假如我說「坐擁豪宅，不一定讓人快樂」，你最有可能點點頭，不假思索隨即贊同。

然而，我們仍有許多人，不斷陷入超時工作與過度消費的循環裡，達到即時性的滿足感，而非尋求更深層持久的心滿意足。對此，我也很有罪惡感：我的妻子泰勒與我犧牲心境上的平和、相處時間、親子時刻、有意義的關係，就只為了更加勤奮工作，花錢支付更多事物。我們知道有比豪華轎車與美味大餐更幸福快樂的事，但卻還不足以讓我們停止追求。

然後，在我 33 歲之際，有人向我介紹一個非常吸引人的現象，簡稱「FIRE」，也就是「財務自主，提早退休」（Financial Independence, Retire Early）運動。**FIRE 社群人數日益增長，他們來自各行各業，收入等級各不相同，致力於過著積極節省和低成本投資的人生，以求掌控自己的財務，買回自己最珍貴的資源，也就是時間。終極目標是要達到「FIRE」，這是一種擁有充足被動收入的狀態，不須工作即可支付生活開銷。**許多達到 FIRE 的人依舊出於熱忱，在自身領域繼續貢獻心力，但有許多其他人不再工作，轉而環遊世界、投身非營利組織、追尋創意企畫，或僅僅只是簡單過活。

事實上，儘管這項運動名稱是「提早退休」，我發現 FIRE 社群的人經常不會採用「退休」這個字眼及其意涵。「財務自

主」是要享有自由與彈性，追尋自己真正的使命感，不論賺錢與否。FIRE 不是指在沙灘上暢飲雞尾酒享受餘生，卻是要腳踏實地度過寶貴歲月，做些事情，而非坐在辦公桌前暗自數著每分每秒流逝，心不在焉，直到 5 點下班為止。

在本書寫作過程中，我了解到 FIRE 正是日常職務「苦差事」的一帖解毒劑。或許你熱愛自己的工作，也或許你討厭自己的工作。不論是哪種情況，很多人都跟你一樣：有半數美國人不滿意自己的工作。

不管你對自己工作的感覺如何，你可能覺得自己毫無選擇，只得繼續工作下去，這我也頗有同感。另一方面，假如能夠獲得財務自由，你隨時可以離職；即使你的工作很有成就感，倘若有朝一日可以想做就做，或許你根本想都不想，就願意離開原本的圈子。如果必須仰賴薪資過活，你人生某些方面很可能就必須讓步；但若辭職不幹，意味著要面臨財務上的不穩定。不過，要是你可以不靠薪水過活，又會如何？屆時你會選擇做什麼事？FIRE 終究提供了這樣的自由。

聽起來真是不錯，對吧？所以，要怎樣才可達到這般無憂

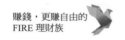
無慮的生活？很簡單，只要少花錢、多存錢、投資差額即可。**通往 FIRE 的康莊大道即是：將 50% 到 70% 的收入存下來，把這些存款投資於低手續費的股票指數型基金，在大約十年後就能退休。**

當然，實際數目因人而異，但是在整本書裡，我已提供關鍵方程式和 FIRE 公式，你可以把自己的數字套入其中，判定 FIRE 是否是你的合宜路徑。

追根究柢，「少花錢」才是至關緊要，也是這項方程式最難的一部分。FIRE 社群發展出一種有創意又迥異以往的巧妙生活方式，深深席捲人心，縱使我並未刻意在自身生活裡一一實行每項作法，也覺得讓人印象深刻。這是因為 **FIRE 很有彈性，你務必親身一試；購物之前，如果可以，請先三思而行。**

常見的 FIRE 實務包括：與室友同住、搬到較便宜的區域、在家烹煮三餐、付現購買二手車、家裡只需要一部車（或甚至不開車）、大宗購買雜貨、樽節預算或「砍掉」旅行計畫，以及放棄購買奢侈品，譬如精品皮包、皮鞋、手錶、電子產品、珠寶、家具等。

較為極端的 FIRE 實行者可能住在露營車或旅行拖車裡，自己栽培作物來吃，然後乾脆多年不購物；在零下溫度的氣候裡，騎著腳踏車去工作；或者，甚至離開祖國，追尋較低成本的生活方式。

我在 2017 年發現 FIRE，當時的我肯定不會做出這樣的選擇。花費 300 美元吃一頓晚餐、與友人搭機飛往美國拉斯維加斯，參加週末高爾夫球之旅或租用全新車型，對那時的我來講根本不算什麼。

但若說我只是著迷這些做出極端生活方式選擇的人，可就太過輕描淡寫了。這樣的生活需要什麼樣的全心投入？放棄中產階級生活的「正常」牢籠，感覺又是如何？況且，倘若我已經比日常生活的一般人更有管道取得這麼多奢華和經歷，為何我不覺得更加快樂？或更有甚者，為何他們看似如此快樂？

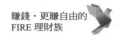

▍需要多少錢，才會幸福快樂？▍

　　根據《自然》（*Nature*）期刊發表的一份研究，收入層級達到某個「最優點」（optimal point），會使人感到幸福快樂。研究人員調查了 164 國的 1,7 萬人，提出結論：要達到幸福感（emotional well-being），理想收入是 60,000 美元到 75,000 美元。也就是說，賺到 75,000 美元以上的錢，可能頃刻之間讓人覺得快樂，卻無法以有意義的方式實質增進生活滿意度。

　　我對 FIRE 運動日益激昂，內在的呼喚使我為此深感著迷，FIRE 運動也對別人看似造成情緒衝擊。支持者稱之為「人生改觀」或「幸福之鑰」，但是，對於「節儉過活意味著豐盛寬宏」這項概念，反對者嗤之以鼻，並認為在 40 歲就退休，保證索然無味。

　　如同他人所想，我的工作就是要資助自己的創意作為，我根本不覺得無聊。不過另一方面，提到省吃儉用，可就嚇壞我了。當時，泰勒和我認為我們的生活方式相當普通，儘管今日

看來，那時簡直太過奢侈浪費。要把開銷削減一半，這種想法似乎不可能做到。我們曾過著六位數的生活方式，實在很難由奢入儉，尤其是很多事看似「需要」而非「想要」。採行 FIRE 後，我們曾掙扎、抵抗、犯錯，偶爾感覺成功無望而想放棄，很想乾脆恢復原本消費習慣算了。

但是，經過幾個月急遽縮減開銷後，過著簡樸的低成本生活方式，產生顛覆性的效果，使我深受鼓舞。我不僅想繼續學習 FIRE 戰略技巧和哲學理念，還想更加了解 FIRE 社群，以及這項概念如何改變全世界的人生。

我先前十年曾任電影導演和製片人，既然如此，我終於明白：著書立言且製作 FIRE 紀錄片，這是絕佳機會，讓自己沉浸在新的生活作風。我可以利用熟悉的平台，學會原本一無所知的事情。對我和泰勒而言，這些努力是一種手段，記錄 FIRE 運作方式以及我們如何在生活裡信奉 FIRE 原則，藉此要求自己秉持這種新的生活方式。

因此，本書於焉誕生，而你手上正拿著這本書。紀錄片在 2019 年發表上映。這兩樣作品分享了我們的故事，而久遠之

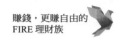

前，我根本無法預料成效到底會怎樣。我們是否失敗？這是否是錯誤的決定？砸鍋？此時此刻，我只知道 FIRE 概念改善了我的人生，我想盡可能與眾人分享，希望這項概念也能改善他們的人生。

如果你一開始的念頭（如當時的我一樣）非常鄙視 FIRE，認為只不過是一幫吝嗇怪咖住在狹小屋內，且讓我為你快速檢視另類看法：在 2017 年，消費債款達到歷史新高，將近 13 兆美元。同時，家庭儲蓄額是 12 年以來最低。某份 2016 年研究報告指出：有 69％的美國人存款少於 1,000 美元，而其他的 34％根本沒有存款。無人理應活在財務壓力之下，但為數不少的人卻是如此。

▌FIRE 運動僅限富人嗎？▌

過去一年來，經常有人問我：FIRE 運動僅限富人嗎？

這個問題未免太過氾濫。我所能做的，只是分享自身經驗。我曾聯繫數千名 FIRE 追尋者，也有好幾千人聯絡我。我有

看過年收入 20 萬美元的工程師，也遇過總計年收入 70,000 美元的家庭。我的訪談對象有單身人士，也有養育四、五個小孩的家庭；我見過收入 35,000 美元的咖啡店店員，還有收入 40 萬美元的股票經紀人。有人高中沒畢業，也有人持有博士學位；有人住在諸如紐約或洛杉磯之類的大都市，也有人住在肯塔基州或愛荷華州的偏遠鄉村，有人住在外國，像印尼、法國、瑞典、愛爾蘭、墨西哥等。

這不是在說以下問題不具某些效益：如果所賺薪資比一般人還高，顯然更容易達成財務自由。對於千禧世代而言，尤其是在 2008 年經濟衰退時期大學畢業的人，當年創下歷史新高的就學貸款數目；積聚大筆財富這種想法，簡直荒謬又遙不可及。

但是，FIRE 原則可以適用於任何收入等級。不論是在 5 年、10 年或 30 年後才達到 FIRE，「少花錢、多存錢，重視幸福快樂勝過實物，買回自己的時間」，人人皆可得到其中益處。不論你坐擁何物、身份是誰、賺取何事，你都應得內心平和，而 FIRE 正是康莊大道。

整本書裡，我收錄一些 FIRE 故事，突顯 FIRE 追尋者是來自各類背景環境和經濟機會。聽取他人的類似狀況，但願各位能獲得啟發。

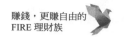

就連我也是，儘管我們的財務狀況顯然優於大多數人；2016 年，泰勒與我的收入是 186,000 美元（稅後淨收入是 142,000 美元），而前一年我們剛好清償兩人剩餘總計 35,000 美元的就學貸款。話雖如此，我們的薪酬優於一般水準，泰勒與我卻幾乎耗盡所賺的每分錢。

如果你像大多數人一樣，你大概不願坦然討論自己的收入、淨值、債務等級這些事。幾年前，美國富國銀行（Wells Fargo）的某份調查顯示：在最難提出的討論話題裡，錢財名列第一。令人訝異的是，死亡、宗教和政治議題的排名全都低於錢財。

我有眾多可以與他們分享幾乎每件事的親友，但我從不提及我的薪酬，也不談論我的 401k 退休福利計畫[*]存了多少錢；直到我加入 FIRE 社群後，才有辦法談這些。為什麼？依我所見，「討論金錢」是一項棘手難題，因為金錢代表了一切：成

---

[*] 401(k) 是美國於 1981 年創立一種延後課稅的退休金帳戶計畫，政府將相關規定明訂在國稅法第 401(k) 條中，故簡稱為 401(k) 計畫。此計畫只適用於私人公司的僱員。

功、意義、權勢、地位。相較於其他諸多事項，金錢是不能深談的話題。

FIRE 社群截然不同。不但有網路論壇、面對面聚會，還有部落客每月更新貼文，談論自己的淨值。FIRE 社群的立基原則是「公開透明」與「協力合作」。隨著我日漸沉浸在 FIRE 社群裡，我得以一窺祕密，金錢的危害其實遠超乎其所帶來的助益。我們試圖隱藏什麼？罪惡感？羞恥感？恐懼感？這樣的恐懼是否根源於家庭教養？我們是否害怕被視為貪婪或愚蠢？另一方面，若能自由分享資訊和知識，人人皆可獲益。

這也就是為什麼，在寫本書的同時，泰勒與我決定完全公開透露我們的財務狀況，說出所賺金額、開銷數字和儲蓄款項，以及 FIRE 如何影響我們。盡己本分，把財務話題列為日常對話內容。這並非要以我們的例子為標竿，也不是一種對照形式。相反地，這是要釋放錢財凌駕於我們之上的力量。我們要協助各位重新形塑你與金錢的關係，了解金錢的真正意義是什麼。

金錢只是為達目標的手段。而你有權決定自己的手段和目

的。閱讀本書之時，與親愛的人分享財務細節，可能讓你不自在，即使如此，也要考慮加入網路論壇，在那裡公開誠實談論財務（可依自己偏好，選擇匿名）。

　　每人故事各不相同，我也很清楚。開始進行 FIRE 之時，泰勒與我當時的財務境況也可能無法反映出各位的財務狀況。我們兩人並非出身豪門家族，但我們都很幸運，也令人難以置信，能夠上大學，畢業後僅須繳付少量就學貸款；而在往後歲月，都能避免堆積信用卡債。承蒙上天恩典，我們健康良好，也不須處理任何類型的財務危機或緊急事故，不必陷入更深債務或限制我們的盈餘。我們有幸發展技能，把握業界良機，收益頗豐。

　　就顯著方面而言，我們的故事反映出極為普遍的問題：我們揮霍浪費，而非盡量賺得所需之物就好。與其大力拓展我們的機會或回饋世界，泰勒與我反而耗費人生，超時工作，就只為了慢慢檢視一長串待購物品清單，以為這些東西很重要，能讓我們覺得快樂。真是浪費！如同許多人一樣，我們愈賺愈多，體驗到所謂的「生活方式膨脹」（lifestyle creep）；傾向於購買精品、經常外食、昂貴玩樂。確實，**我們經常沒注意到一**

直「賺得愈多，花得愈多」。若放任「生活方式膨脹」，情況可能很危險，甚至長期對財務健全造成嚴重後果。

本書目標是要提供密切觀點，了解另一種選擇途徑，一種獨特且有趣的生活設計和理念，肯定逆勢而上。我堅信「每個人想法不一樣」，而顯然並非人人皆需這條路徑。但我希望，我的故事能夠打動人心，使人深入看待自己的財務和生活方式的選擇。你是否以時間換取金錢？你想為後人留下什麼遺產？只要這本書、其中訊息和例子能夠提供幫助，就算僅有少數人過著更加財務無虞的快樂人生也好，那麼，我也會認為這份努力成效斐然。

接下來，請閱讀我們家的旅程故事，從原本的揮霍無度，轉而存下半數收入；不再住在海邊奢侈度日，轉而探訪全國各地，尋覓新的居住地點（而且要便宜一點的）。寫了此書，我盡可能知無不言。我要確保不僅記錄我們的成功，也要寫出我們的失敗與掙扎，以及實際的錢財數目。我還要求泰勒，加入她的觀點到整本書裡。我的目標是向各位顯示一個 FIRE 追尋者家庭的真實旅程，也希望啟發人心，讓人能尋求自己專屬的自由。

第 1 章

從賺愈多花愈多到
由奢入儉換自由

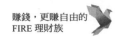
　　2017 年 2 月某個週一早晨，如果你在聖地牙哥公路上與我擦肩而過，你可能不會多看兩眼：一名年約 35 歲的男人，開著一輛相當新款卻不顯眼的汽車，被困在車陣中，喝著星巴克。我只不過是一個通勤上班的美國人而已。

　　事實上，那個週一早晨沒什麼大不了，就如同其他眾多、稀鬆平常的週一早晨，我必須接受現實，花時間通勤上班。但那天早晨極為特別，我聽到了某個概念，翻轉了我的整個人生歷程。這個概念促使我離職、離開加州，然後花了一年時間與家人旅行。關於成功、金錢和自由，我質疑了我認為已知的一切。找出美國夢的祕訣，也就是大多數人渴望已久卻鮮少有人達到的事：有能力去做自己全然想做的事。

總以樂透心態調適對享樂生活的無形壓力

　　故事在十年前開始，當時我遇見了我妻子泰勒。

　　打從一開始，泰勒與我就是那種尋求冒險、暢享生活的夫妻。在拉斯維加斯度過新年？當然要去。前往加州索諾瑪來一趟 SPA 水療之旅，想到就去？有何不可！我們不花錢購買俗豔

手錶或名牌服飾，但是花錢到太浩湖（Lake Tahoe）划艇？到四星級餐廳用餐？買新的滑雪板？搭機環遊世界？絕對要做！對於精緻美酒和奢華餐廳，我們早就習以為常。只要有新餐廳開幕，我們肯定前往一試。假如能夠一見主廚，甚至更好。有時候，我們甚至一週外食三、四次。

我們開玩笑地說，「有錢就花」簡直是我們的座右銘。而我們確實如此：我們辛苦賺錢，立即花錢享樂。對我們而言，沒什麼大不了。只要我們沒有負債，我們覺得這種生活方式很正確。當然有那麼一、兩次，對於花了多少錢、存款剩餘太少，我覺得有壓力。然後我會提醒自己，我們還年輕，時間還很長，未來可以存更多錢！我們會薪資驟升、平步青雲，或做生意大賺數百萬美元。終究有某事肯定讓我們大展鴻圖！對吧？我們習慣稱為「樂透心態」，調適無能為力的心情。

當時，我為世界某家大型啤酒公司管理活動。我的工作內容包括：搭機在西部太平洋沿岸飛來飛去，支援活動盛事，如美國職籃比賽（NBA）和美國職棒大聯盟明星賽（MLB All-Star game）、日舞影展（Sundance Film Festival）、音樂節等。我就像一個活力充沛的小孩，喜愛冒險、認識新朋友，這對我

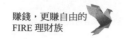
而言簡直是夢幻工作。但是從事這項工作一年後，這些派對和活動開始混融不清。我開始質疑是否可以長期倚靠這行業。內在自我渴望某種更有創造力和有意義的事。我太常出差旅行，睡眠不足，過著不健康的生活方式。我知道這樣無法維持太久。我想要的生活須有戶外冒險、體育活動，並且與人有所連結。要更有激勵人心之感，而非大口暢飲啤酒，卻錯失與家人相處的高品質時間。

我與泰勒在 2010 年結婚，前往聖基茨和尼維斯（St. Kitts and Nevis）加勒比海島國度蜜月。在回程班機途中，泰勒把頭靠在座椅上，說：「我們何不住在某處，每天都過得像度假一樣？」我們那時住在雷諾（Reno），但我們已準備好欣賞秀麗風光。兩分鐘後，在餐巾紙背面，我們列出一串「天堂地點」清單：美屬維爾京群島（St. John in the US Virgin Islands）、考艾島（Kauai）、柯洛娜多（Coronado）、斯科茨代爾（Scottsdale）、西礁島（Key West）。

幾番來回後，在 2012 年初，我們收拾位處雷諾的房子，離職不幹，搬到加州聖地亞哥外圍的柯洛娜多島，希望到這裡日日度假。我們想要每天享受生活，而非只引頸期盼週末來臨。

我們告訴自己，別像他人一樣光說不做，嘴巴說著搬到海邊，卻未貫徹實行。回想起來，對於我們即將來臨的 FIRE 生活方式而言，這種非典型的舉動是絕佳訓練，也正是問題所在。

起初幾年，住在柯洛娜多，真的宛如置身天堂。我們在海邊租了一間一房一廳公寓，在海灘木板小徑散步，看著美麗的市區天際遍布夕陽餘暉。我們買了兩艘海灘小艇，騎腳踏車遊遍四處，前往海灘、環遊城市，找朋友在下班後喝一杯。彷彿我們已經擁有人人夢想中的生活：無憂無慮、適合戶外活動、輕鬆自在。

我們日益喜愛戶外活動，也蒐集愈來愈多戶外裝備。買了獨木舟、立槳板和衝浪板，還需要車隊放置全部裝備，於是買了雪佛蘭探界者（Chevy Equinox）休旅車、豐田普銳斯（Toyota Prius）、全套遮陽篷頂和車頂行李架，因為這裡是加州嘛！

聖地牙哥是一個蓬勃發展的都市，我們在這裡找到許多職涯機會。泰勒任職於她家族的人才招募公司，穩定建構了自己的市場與人脈。我與人共同經營影視公司，後來被收購，我們

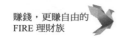
搬到更大間的行銷代理商辦公處。但因為公司文化無法緊密協調，最後，我和合夥人決定遷往他處，重新開始。這樣做，意味著無視滿桌子的大筆錢財，但我認為這才是正確決定。我一向把「自由」列為優先，而非薪酬；我明白，自己有潛力構築另一項成功事業。我已開發技能，僅需要給自己機會而已。

然後，我們決定生小孩。

2015 年 10 月，我們的女兒出生了。那天是完美的加州日子：陽光普照，晴空萬里，海風徐徐吹來。我們將她取名為「喬薇」（Jovie），是參考英文「jovial」（意指善良快活的）這個字，因為我們希望她像父母一樣，追尋人生歡樂。

如同大多數新手父母，我們準備迎接喬薇的到來，有點得意忘形。我們搬出一房一廳的出租公寓，遷入一間三房屋子，空間雖小，卻能容納更多東西。那時，泰勒在家工作，想要有自己的工作室。再加上我們知道親友想要過來探視喬薇，於是留了一間客房。經過幾週的搜尋後，我們找到一間月租 2,850 美元的房子，在柯洛娜多算是非常低價了。我們立即額外花費 8,000 美元，裝修新家，儲備了一間新的育兒室，內含嬰兒床

和所有基本生活設施。為了準備迎接新生兒，花錢絕不手軟。

截至我們人生當時，我們才剛花了 6,000 美元成為遊艇俱樂部會員，還租了兩輛車，一台是 2016 年「馬自達 3」掀背車，另一台是 2015 年 BMW 寶馬 3-Series GT。

喬薇出生前，泰勒和我覺得有點開銷失控。我們有時會提及縮減開支。但不論怎麼嘗試，到頭來總是說服自己這些都是「需要」而非「想要」，例如：維他美仕食物調理機（Vitamix blender）、到紐西蘭度假，或是為我們的寶貝購買最棒的義大利製嬰兒推車。我們有錢，天真認為事情都能解決、收入將持續增加，未來勢必開始存錢。

畢竟，泰勒的薪酬不錯，我的新公司也已經盈利。再加上，我們都有提撥收入（約占我們收入的 10%）到 401k 退休福利計畫裡，算是負起財務責任了。也就是說，除了退休帳戶外，我們都沒有投資股票。我們不熟悉投資，股票看似風險過高，而且我們時程忙碌緊湊，總是以此當作方便藉口，說明為何沒時間學習更多事務。除此之外，一切看似美好：我們薪資收入頗豐、提繳金額到 401k，也無消費債。我們肯定處於正確

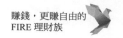

路徑。

然後喬薇出生了。泰勒與我總算能明白許多父母的經歷了：在幾週內，只要想到要與寶寶一天分開 8 小時去工作，實在令人難以忍受。泰勒喜愛她的工作，從未想過她會想當全職母親。現在，鑑於我們的財務狀況，她別無選擇。短暫的產假結束後，泰勒重返職場，又開始全職工作；我們雇請日托保姆照料喬薇，每月要價 2,500 美元。我們都不願意泰勒上班工作，但是僅能如此，因為我們過著須有兩份收入來維持的生活方式。

幾個月過去了，只要一想到她錯過了與寶寶相處的全部時刻，泰勒就變得日漸焦慮。看到她有這種感覺，簡直要我的命；最糟糕的是，我覺得應該負起責任。決定生小孩之前，為何我們不敦促自己存下更多錢？離開大公司、拋棄高額收入，以便自行開展生意，這種作法是否錯了？泰勒支持我這項決定，即使這意味著更高的財務不穩定性，還有經常出差與長時間工作。

我很懷疑她是否後悔。她是否覺得，我的創業夢想妨礙了

她的幸福？她是否放棄與寶寶相處的時間，就只為了讓我追尋個人抱負？這些想法盤旋不去，值此之時，我發現自己壓力過大，一直想著：如果我一肩承擔，是否幾乎毫無時間陪伴喬薇？我的天哪！到底是否有正確答案？為何如此困難？

後來，我的某位合夥人決定離開我們的製片公司，事業開始分崩離析。4 年前，我們創建公司，當時只是一群二十幾歲的小伙子，對工作充滿樂觀活力。而且我們很成功，公司原本只是小型婚攝團隊，後來變成炙手可熱的商業廣告製片公司，收益高達七位數。當然，我們焚膏繼晷，拚命幹活。工作變成令人厭倦的苦差事。

一開始，這樣的犧牲尚可應付，但現在生活看似完全不同了：我們有小孩、家庭、房貸、托育費用。再也無法一次出差好幾週。我們盼望能有公司贊助的健康保險和 401k 退休福利計畫。想要穩定性，而非這種時富時貧的生活方式。那位合夥人決心離去，我們集體決定，是時候該分道揚鑣了。

不到一個月內，我們的廣告公司歇業，而我再次不受束縛，尋覓下一個機會。我很自私，想要創立一家媒體公司，製

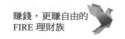

作自認有興趣的內容。但我們禁不起重新來過，因為現在需要全職雙薪來維持生活。於是我受雇於人，在一家頗具前景的新興創意廣告公司擔任創意總監，公司名稱是「灰熊廣告公司」（Grizzly）。團隊不乏人才，而我積極想要學習品牌設計、策略、開發等更多事務。這份職務很棒，收入穩定，卻仍無法解決我們的問題：既有的生活方式。即使有了這個工作，我們依舊一籌莫展。況且，難道我就得一輩子被困在受薪階級嗎？再也沒機會創業？

就在我成為上班族之時，原先總是看似遙不可及的開銷費用，日漸變得迫在眉睫。以買房為例。我們的小型三房租屋處，在柯洛娜多的房價相當於 100 萬美元以上，而在聖地牙哥任何其他地方，房價大約僅需 60 萬美元到 75 萬美元。至於大學費用？新手父母是否該預存學費？除了提繳退休金之外，我們沒有任何額外存款。以前的選擇曾經一度無憂無慮且隨興而為，但現在猶如有勇無謀又倉促草率。

我告訴自己，辦法只有一個：我必須想出一個讓我一次賺進百萬美元的想法。這件事要能給予我們所需的財務緩衝，以便讓我再次成為創業家，泰勒可以離職或減少工作量，而且我

們可以留在柯洛娜多，付清車款、購買新家，最後開始存錢。

　　我每晚耗費幾個小時，帶著喬薇在鄰里街坊散步，這樣她晚上才有辦法入睡好眠。在這些時間裡，我一邊聽著播客訪談，了解如何開創公司。或許我將來可以創立自己的媒體製片公司。或許我能建立「亞馬遜物流」（Fulfillment by Amazon, FBA）之類的事業，這類點子似乎非常時興。我閱讀加密虛擬貨幣（Cryptocurrency）與不動產炒房等相關事務。有好幾個月，我不斷搜尋自己的百萬美元想法。我僅需一次超大幸運機遇，就能瞬間致富，展開自己想過的自在人生。

FIRE 使我們回歸鍾愛之事，而非只賺錢花錢

　　2017 年 2 月 13 日週一，我醒來後，向泰勒與喬薇吻別，出門前往上班。公路上塞滿擁擠車潮，我打開最愛的播客訪談「提摩西・費里斯秀」（The Tim Ferriss Show）來聽。提摩西・費里斯以「人生駭客」（life hack）大師及其生活方式而聞名，他的節目來賓總是很有趣。他也是成功的天使投資人（angel investor），也以《一週工作 4 小時》（The 4-Hour Workweek）

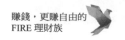
一書而出名，最近還出版了《人生勝利聖經》（*Tools of Titans*）一書。

　　他的播客訪談簡述詞這樣說著：「我解析世界級人生勝利組，範圍包括各行各業（投資、體育、商業、藝術等等），還有可供大家使用的菁華策略手法、工具和慣例」。曾經受邀的來賓包括第 38 屆加州州長阿諾・史瓦辛格（Arnold Schwarzenegger）、行銷大師賽斯・高汀（Seth Godin）、樂團主唱阿曼達・帕爾默（Amanda Palmer）、知名演員傑米・福克斯（Jamie Foxx）、美國勵志大師東尼・羅賓斯（Tony Robbins）等。

　　這一集的奇特標題是「錢鬍子先生：每年只要 25,000 到 27,000 美元，就能出色過活」，我很好奇，於是按下播放鍵。錢鬍子先生的真名是彼特・阿登尼，出生於加拿大，是一位中位數收入的工程師，年屆 30 歲就退休，與家人住在科羅拉多州博爾德（Boulder）鄰近地區，並且自從 2005 年以來，一直沒有維持一份「真正」的職務。

　　在播客訪談介紹裡，提摩西問到：「他家是怎麼辦到的？經

由幾件事，他們實現了早日退休，但實際上，他們加以優化自己生活方式的各個方面，以最小的開銷費用換取最大樂趣，還利用指數基金（Index Fund）和不動產投資。他們的年度開銷總額僅需 25,000 到 27,000 美元，也不覺得想要任何東西。」我迅速心算了一下：泰勒與我在大約 3 個月內，就能花光這傢伙的年度開銷！天啊！

提摩西把錢鬍子先生的社群及其理念稱為「全世界風行的現象」。錢鬍子先生的部落格於 2011 年成立，目前已經累積 3 億人次的點閱率。提摩西向彼特說他「高居播客訪談最想邀請的來賓前 5 名」，這倒是引起我的注意了。

彼特解釋，他所做的只不過就是：即使擔任工程師，領取優渥薪酬，依然一如大學時代生活方式。多年來，他的存款總額是他年度開銷的 25 到 28 倍，並把錢投資於先鋒指數基金（Vanguard index funds），這不是我第一次聽到類似建議了！

然後，在年約 30 歲之時，彼特與妻子離開朝九晚五的工作，那時他們的兒子已經出生，而且他們的投資額現在已能創造足夠的被動收入（passive income），生活開銷不虞匱乏。他

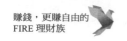
繼續說，對大多數人而言，同樣的基本公式也行得通。所以，若要達成退休，泰勒與我僅需存下年度開銷的 25 倍？

當時，我們每月花費將近 10,000 美元，一年總計大約 12 萬美元；換句話說，我們總計必須存下 300 萬美元。就只是這樣？不是有人曾經計算所需存款額，差不多 100 萬美元才能退休？我是從某位朋友聽說這個，或是從電視知道？我不記得了。我實在不清楚這道數學是如何計算出來。彼特信誓旦旦地解釋，立即引起我的興趣。

彼特說，在旅行途中，有 90％的時間，他都是步行或騎腳踏車，而且他過著完全無債的生活。只有在某物能夠顯著消除生活負面事務時，他才會從事購物。他開的車很老舊，沒有車貸，開車去家得寶公司（Home Depot）裝載木材回家。與其錙銖必較每分錢且只購買打折食物，他會買精釀啤酒和有機巧克力。他說：「我設定開銷限制，換取最大的幸福快樂，然後，只要這類購物讓我停止感到快樂，我就停止花費。」

我如此全神貫注聆聽這段播客訪談，於是開車下了公路，停在陰涼樹下，傳簡訊給我同事，說我可能因為「托育

問題」而遲到。我把音量擴大，繼續聆聽。彼特說，他在自己的「錢鬍子先生」部落格裡，持續記述自己家庭的生活方式，而他已聚集了一群皈依追隨者，他們自稱「錢鬍子派」（Mustachian）。既然是彼特引領我了解 FIRE，我假定是他發明了這項概念。後來我發現，FIRE 社群有數十位備受矚目的人物，彼特也是其中之一，而 FIRE 的宗旨其實早已存在數十年之久了。

費里斯提出一次評論：這種生活方式看似顯然之道，用來應對我們勢不可擋的過度消費文化。我想到，我家那個三房之家堆滿家具、電子產品和寶寶用品。泰勒與我曾開玩笑地說，我們是「網路購物成癮者」，因為每隔幾天就有新的褐色包裹出現在我家門前。我們到底是誰？為何要以這種方式過活？以前那對盡情享樂又熱愛戶外活動的夫妻到哪去了？

對我而言，彼特的生活聽起來宛如理想的成熟生活。我想在山裡健行，以此度過週一早晨；與孩子一起露營，與朋友在車庫裡暢飲啤酒；耗費數日，整天沉浸在創意消遣裡。我想過的生活不要有工作電話、不要坐在日光燈下、沒有季度審查會議或特休。

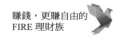

FIRE 是否就是這個解答？能否以此讓泰勒與我有時間陪伴喬薇，**使我們回歸自己鍾愛之事，而非把全部焦點放在賺錢花錢**？這是否能讓我們這對夫妻變回原本的模樣：追逐冒險、輕鬆自在、愉悅歡欣，對未來充滿希望？

我的內在開始產生轉變。或許我不須拘泥於「下一件大事」（next big thing）來解決我們的財務憂慮。或許，**通往自由之路，僅需盡量簡樸度日且減少開銷而已**。這麼多月來，我第一次感到無比興奮。我充滿希望，倍受激發──我已經找到了我的百萬美元想法。

▌4%法則 ▌

根據 FIRE 公式，一旦你已存下年度開銷的 25 倍，即可準備退休。這怎麼可能？

假設你一年花掉 50,000 美元，這就是說，你需要存下且投資 125 萬美元才可退休。你可安全預期會有 5%的投資報酬率；就 125 萬美元而言，一年就有 62,500 美元（這是非常保守的假

定,在大多數年分裡,你的報酬率將會更高)。這其實遠超過你所需的 50,000 美元了!然而,在每一年裡,假如你只從投資所賺收入額(或 50,000 美元)提領 4% 金額,也就意味著你總是能夠有一個緩衝,可以彌補通貨膨脹與市場跌勢。這項「4%法則」也稱為「安全提領率」(safe withdrawal rate),是根據三一大學(Trinity University)所做的一份研究,而且可用來判定退休人士每年可從存款提領多少錢,無須縮減或逐步降低本金。

在此再度說明數學算法:假如你已存下年度開銷的 25 倍,然後把錢拿來投資,計入通膨之後,平均報酬率是 5%,假設你每年僅從中提領 4%,即可依靠這些投資來過活。

如果還有疑問,別擔心。接下來,我將詳細說明這項數學原則。

第 2 章

成千上萬人都在實行的
理財運動

　　直到那個 2 月的週一後，我發現自己愈來愈無法容忍工作和生活。不斷出差、兜攬影片拍攝、拖著沉重裝備，每天固定工作 12 小時來完成拍攝，早就是年輕人的家常便飯，而我覺得自己老化得很快。同事宛如家人、我持續面臨挑戰、工作也做得不錯，即使如此，我並非一直深愛日漸龐大的責任：有壓力要以更高水準進行演出、花時間增加客群、精密計算數字、坐在桌前埋首工作。不論是努力擴大影視製片公司或是在創意廣告公司工作，我爬得愈高，所面臨的壓力似乎愈來愈大。

　　現在，我終於明白，有一個 40 歲左右的柯羅拉多州中年人，在週一早晨登山健行，在門外走廊看書；而我只要一想到必須忍受我不喜歡的工作內容，實在覺得難受。整週都在開會，也就意味著我少了一週時間陪伴寶寶，還有更多晚上夜不成眠。我腦子總是想著如何創造提案，就連看著窗外的加州陽光，對我而言都是精神折磨。

　　一天當中，我最愛晚上時刻，因為可以陪著喬薇散步，哄她入睡。只要喬薇和泰勒睡著了，我就會花幾個小時，研讀錢鬍子先生的相關事情，以及所有其他厲害的 FIRE 倡議人士。事實上，我用 Google 搜尋了「提早退休，財務自主」相關文

章,才發現有成千上萬的人熱衷此道。

我讀到某篇文章,某對夫婦在 30 歲退休,他們有 3 名子女。有一個男人存下自己在 IT 產業薪水的 70%,在 35 歲退休,所以能夠開著露營車環遊全國。某對夫妻擺脫自己的房子和 4 輛車子,開始住在活動房屋裡。我還讀到,某對夫妻利用不動產投資,於 29 歲離開職場,以便在養兒育女之前,能先遊歷世界。他們後來生了小孩,但依然不斷旅行;他們年僅 5 個月大的寶寶去過許多國家,比我去過的國家數目還多!我試著想像我們過這樣的生活:喬薇站在金字塔前面、在加勒比海游泳、參觀中國的萬里長城。這與朝九晚五、週末放假的工作苦差事簡直相距甚遠。

就 FIRE 運動而言,「錢鬍子先生」部落格的彼特僅是其中一位「嚮導」。有好幾十位部落客按時紀錄他們的財務獨立歷程。有些人保持匿名,以保障自身的公司職涯;有人已經「退休」;有人財務獨立,卻仍決定繼續工作;也有人打算在幾週之內或甚至幾天之內盡早離職。

有許多這類部落格日漸強大(在下一頁方框內,有列出這

47

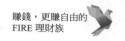

些部落格；在「playingwithfire.co」也可找到更多資源）。《極端提早退休》（*Early Retirement Extreme*）作者雅各·郎德·費斯克（Jacob Lund Fisker）是一位物理學家，透過極端節儉，設法在美國舊金山灣區以每年開銷 7,000 美元過活，住在露營車裡，十多年來穿著同一套衣服，後來變得財務獨立。

「節儉森林」（Frugalwoods）網站的麗姿與奈特·先姆斯（Liz and Nate Thames）夫婦拋卻原本在劍橋的高檔生活方式，於佛蒙特州（Vermont）買了一片農場，他們在那裡節儉度日，自己栽培食物，長年實行「消費禁令」。「富有與常規」（Rich & Regular）部落格的朱利安和柯爾斯頓·桑德斯（Julien and Kiersten Saunders）是一對來自亞特蘭大的夫婦，原本背負消費債款，後來卻能還清房貸。「財務獨立科學實踐者」（Mad Fientist）網站的布藍登·甘奇（Brandon Ganch）以前曾是軟體工程師，在 34 歲退休，住在蘇格蘭。

「咖哩飯和克力架」（Go Curry Cracker!）網站的杰里米·雅各布森（Jeremy Jacobson）和曾維尼（Winnie Tseng）專門從事國際「地理套利」（geo-arbitrage），住在全世界異國風情的低成本地點。現今，還有部落客針對各式 FIRE 生活方式提出

建議：針對有小孩的人、軍人家庭、大都市居民、環遊世界、奉獻時間給慈善目標等。同時，我也很訝異，有這麼多人知道這項概念，而我居然從未聽聞。

▌廣受歡迎的 FIRE 部落格 ▌

- 錢鬍子先生（Mr. Money Mustache: mrmoneymustache.com）
- 財務獨立科學實踐者（Mad Fientist: madfientist.com）
- 節儉森林（Frugalwoods: frugalwoods.com）
- 醫師火力全開（Physician on Fire: physicianonfire.com）
- 極端提早退休（Early Retirement Extreme: earlyretirementextreme.com）
- 簡單致富之路（The Simple Path to Wealth: jlcollinsnh.com）
- 千禧世代解決方案（Millennial Revolution: millennial-revolution.com）
- 選擇財務獨立（ChooseFI: choosefi.com）
- 一切負擔得起（Afford Anything: affordanything.com）

這份清單所列內容是根據 2018 年 Alexa 網站排名。

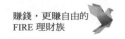

幾年前，我懷著激動的心情，想要展開自己的播客訪談企畫，後來半途而廢，因為沒空去做。假如我們可以達成 FIRE，或許我會成為播客訪談主持人。或許我終於能夠奉獻時間給我信仰的人生目標，譬如「海洋清理行動」（Ocean Cleanup）專案或提高「有效利他主義運動」意識。或許泰勒會有時間，追尋自己熱衷的事務，像是在老年活動中心擔任志工，或是發起非營利組織來幫助單親媽媽。

我想經常與妻子女兒一同吃午餐。起床之後不必煩惱行程。在加勒比海度過冬季，而在太浩湖度過夏日。我想在喬薇長大之前，陪伴她度過這些時光，教她如何衝浪、帶她去看中南美洲的貝里斯（Belize）海岸礁脈、到太平洋屋脊步道（Pacific Crest Trail）健行、擔任她足球隊教練，還有一起學會彈鋼琴。

泰勒問我為何這麼憂心忡忡，我含糊說著工作上某個專案很難處理，然後拿著筆電匆忙逃開。真相是：就算我知道最後會告訴她實情，我不想讓她嚇到不知所措，或使她以為這只不過是我另一項難以置信的「偉大點子」。我明白這個點子截然不同。它不像我其他每週想出的點子，既無涉及開創其他事

業，也無時間金錢方面的風險。這是有關運用我們已賺到的金錢，且要能更加有效利用。我很快就信服 FIRE 的確是價值連城的想法，也是最佳機會，讓我們能過著想要的生活：更多時間從事戶外活動、一起相處、陪伴喬薇。

在我們的關係裡，我一直都是較節儉的人。我們曾有幾次劇烈爭吵，大多是為了金錢。在我們關係發展初期，這尤其真確，我一開始就發現我與泰勒的金錢觀大不相同。童年時期，我是海軍官兵的兒子，出身於美國中西部社區，「勤儉持家」是該處的地方認同；人人贊同「存錢是聰明之舉」，讓人「融入群眾」。

每當我獲得飯店優惠或以出清價購得電腦，我巴不得向大家宣揚此事！泰勒覺得這樣很丟臉。根據泰勒所受的教養，談論存錢或誇耀「優惠折扣」令人覺得俗氣，表示自己無法負擔得起全額付清。另一方面，購買昂貴物品或炫耀奢侈品，對她倒是不成問題，但這讓我簡直快要發瘋。在我原生家庭裡，炫富被視為矯揉做作，表示自認為本身優於他人。對於泰勒來說，這些購買物只是她辛勤工作的犒賞，沒什麼好丟臉。

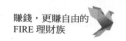

最後，泰勒與我不再討論這些事，彼此調適：我停止分享我幾乎不花錢買東西，而她不再分享自己花了多少錢購物。這也就是為什麼假如我太隨意提出 FIRE 概念，我猜會讓泰勒認為這是在評判她的財務態度，或這樣會剝奪我們享受的奢華體驗。除此之外，她賺的錢比我的還多，我算老幾，能告訴她應該如何花錢？

但泰勒想待在家裡陪伴喬薇，如此一來，我們就必須改變財務作風。依我所見，一旦她了解 FIRE 之道是要「斷捨離，造就豐盛」——特別是有更多家庭時間——或許她會接受。於是，就算害怕與配偶討論棘手問題，我仍做了一件神智正常的人會做的事，寄了一封電子郵件給她。在郵件標題裡，我寫著「看看這篇文章」，而在郵件內文裡，我貼上一個連結，有關錢鬍子先生所寫的部落格貼文，描述 FIRE 背後的數學原理。我讀過好幾百篇貼文，這是我最愛的一篇。我相當肯定，這篇特別的文章確實能引起她的注意。

當天晚上，我們一邊煮著晚餐，我一直等她提出討論。她覺得這很怪異嗎？是否跟我一樣覺得激動？我迫不及待，想與她分享所知的一切，想把我所有想法告訴她，認為我們可以縮

減生活開銷費用。但她隻字未提那封電子郵件。煮菜時沒提，用餐時沒提，就連吃飯後洗碗也沒提。最後，準備就寢之時，我提出這件事。

她說：「我知道，但我沒全部看完文章，不過看起來還算有趣。」然後，她提到喬薇與新朋友一起玩耍。很顯然，我的妻子尚未迷上 FIRE。我還得更加努力才行。

大多數人從未討論過理財或生活方式

我不只向泰勒談及我對 FIRE 的新興著迷程度。初次聽到錢鬍子先生訪談的一週後，我對好友喬（Joe）試探性地說出這個概念。他是我以前的同事，我很景仰他。他看似財務盡責，過去也曾幫我審查不少生意點子。我覺得我能安全地對他試試水溫，以便準備向妻子竭力勸說 FIRE 概念，因為他很擅長溫和勸人放棄某事。

一旦他迅速回電，我像連珠炮一樣大說特說：我發現了幸福快樂的祕訣，也就是「賺得多，花得少」，存下所有額外金錢，依靠股息過活，然後遊歷世界，終日在田野玩樂，這是

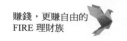

我從錢鬍子先生那裡學來的；對，他就叫「錢鬍子先生」。天啊！老兄，你該看看這傢伙的部落格，他會讓你心智大開！

喬回答：「喔，我聽過這傢伙。」

我無言以對。他居然已經聽過幸福快樂的祕訣？

原來喬早就閱讀錢鬍子先生部落格很多年了。

我堅決地說：「你怎麼不告訴我？你一直知道這件事，卻甚麼都不說？」

喬回答：「這個嘛！你我之間都不談這種話題。」他說的沒錯。我們談論很多私人話題，像是商業點子、政治、健康等，但如同大多數人一樣，**我們從未真正討論過有關錢財或生活方式的選擇。**

我認識喬已經四年，到現在我才知道，他時常騎腳踏車上班。他的車子是本田飛度（Honda Fit）二手車。他和妻子安琪兒所住的街區很不錯，卻比我住的地區還要經濟實惠。而且，只要我們花時間聚會，他通常建議我們到彼此家中，而非在外面進行。

　　長久以來，我的好友一直過個 FIRE 生活，而我竟然沒注意到。我與喬的這番談話更加說服我，相信泰勒與我必須認真思考這件事。喬和安琪兒過著平靜自在的生活方式，讓我們非常欽佩。他們享受生活中的簡單事物，而我們卻汲汲營營，忙碌度日。在我們認識的人之中，他們是其中最快樂知足的人。

　　問題在於，我依然不知道該如何向泰勒提起此事，很怕又為錢吵架。以前，只要提及我們的開銷，我的語氣通常不太好。任意購物讓我覺得很困擾，譬如「幹麼花 1,400 美元買立式槳板？」或者，為了辦一場迎嬰派對而買的昂貴禮物，我覺得很煩。泰勒會理直氣壯的指出一切全都怪我，說是我原本就想要立式槳板，說是我同意買禮物。然後，我們就會開始大吵，說誰花的錢較多、該怪誰沒有堅守預算等。有時我們會堅守預算幾個月，但是不久之後，假期來臨、我們忙到沒時間煮菜、必須搭機參加婚禮等，於是，勤儉持家肯定漸漸地拋諸腦後。

　　這一次，我不想嘮叨不休。我不希望泰勒變得防衛心重、滿臉不悅。我盼望泰勒與我志同道合，明白 FIRE 是一種方式，能夠不再窮忙，可以減輕壓力，最終走在我們一直想要的路徑

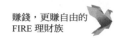
上，也就是做我們想做的事，想做就做！誰不想這樣？完全純粹的自由！有選擇自由、免於財務壓力、一切自由自在！我決定，最好的辦法就是：不斷傳送文章和播客訪談的連結給她，讓她甩不掉這個想法。

接下來一週，我的作法正是如此。我把「財務獨立科學實踐者」和「選擇財務獨立」播客訪談、「節儉森林」文章和錢鬍子先生的貼文都寄給她看。她偶爾會提及這些事，但大部分的時候，她忙到沒空閱讀文章或聆聽訪談。這些題材沒有纏住她，而我感到挫敗。照這樣下去，我們可能要到退休年齡，才有辦法說服泰勒提早退休了吧！

第 3 章

讓你快樂的十件事，
其實可以不昂貴

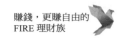

我拼命掙扎著，想辦法要向泰勒坦然討論 FIRE 的話題。
我當時沒注意到，有許多夫婦也努力解決同樣的兩難困境。從
那時起，我就聽過數十個故事，有關某個配偶想要說服另一
半（而在某些情況下卻失敗了），說 FIRE 多麼可能實現。比方
說，「財務獨立科學實踐者」部落格的布藍登先生就是這樣。
在他與妻子吉兒初期幾年的關係裡，布藍登極端著迷 FIRE 和
節儉，但吉兒決定充耳不聞。

多年後的現在，他們兩人都是 FIRE 倡議人士。不過很顯
然，要說服配偶，對於財務獨立之路而言可能是一道真正的關
卡，也須經過全盤考量，彼此尊重。

我們的實際情況是：沒有泰勒，我實在無法追尋 FIRE。不
僅是因為她的收入超過我們總收入的一半，同時她也是我小孩
的母親，也是我的人生伴侶。假如她不同意縮減費用且做出重
大生活方式改變，這條路對我而言非常孤單。

某一天，我突然想到，如果要泰勒對於 FIRE 所致結果同
感激動（也就是工作量變少、財務壓力降低、樂趣增加、陪伴
喬薇的時間變多），而不是專注於 FIRE 意圖捨棄之物（譬如新

車、餐廳外食等），那麼，我們兩人必須把焦點放在自身已經最重視的正面事務，藉此展開對談。

某天晚上吃過晚餐後，我們正在洗碗。我要求泰勒幫我一個忙，以每週為基準，寫下能使她快樂的 10 件事。她問原因，我說這是一道練習，事關我已經傳給她的所有 FIRE 事務，況且，以此比對我們兩人的清單，這也很有趣。她同意了，於是我去幫喬薇洗澡，哄她入睡。過不久，我開始懷疑自己的盤算。萬一泰勒寫的是「開著我的 BMW 名車」或「到昂貴餐廳用餐」，該怎麼辦？要是她變本加厲，想要島上的生活方式或住在海邊，那會怎樣？我是否剛好提出最糟的提議，反而激使她想起自己鍾愛之事，而非建議她全該放棄這些？

然後我走進主臥室，泰勒問我是否想看她的清單。以下是清單內容：

1. 聽見寶寶笑聲
2. 與老公一起喝咖啡
3. 摟抱我的寶寶
4. 出門散步

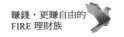

5. 出去騎腳踏車

6. 享用 1 杯美酒

7. 吃著美味巧克力

8. 與父母親友聊天

9. 與親人聚餐

10. 為寶寶朗讀

看見這份清單，我想起當初為何與泰勒墜入愛河；她與我都重視家庭價值和生活體驗，遠勝所有其他事。不知什麼原因，我們脫離了這些常軌，轉而相信必須花錢享受生活。看了她的清單後，很顯然我們依然重視相同事務。我鬆了一口氣。清單上的每件事，都足以可能過著節儉生活。

我們兩人的清單十分相似，實在很有默契。我的清單：

1. 為喬薇朗讀，直到她睡著為止

2. 聽音樂

3. 享用美酒

4. 與泰勒一起喝咖啡

5. 花時間從事戶外活動（騎腳踏車、登山健行等）

6. 為家人煮晚餐

7. 閱讀

8. 花時間與朋友相處

9. 參加競技體育項目

10. 釣魚

我告訴她，寫出這份清單，**使我領悟到我喜愛做的事非常簡單，而且並不昂貴**。我問她：「看到妳自己的清單，有什麼想法？」

她說：「我沒寫到海灘。」我知道她這樣說，是指我們兩人想法相同：不然，我們幹麼住在這麼貴的海邊小鎮？

我同意：「在我的清單上，唯一需要花錢的就只是美酒和巧克力而已。」

她開始一一數著過去幾個月所買的東西，同時也認為這是她應得的，因為她很努力工作，但事後來看，這些無法讓她真正感到快樂，鐵定也不會出現在她的清單裡。現在很明顯了，我之前傳給她不少文章和播客訪談，全都開始滲透到她的潛意識裡。

　　這項「10 件事習題」到頭來成為最有意義的要素，使我們決定追尋 FIRE。現今，我們兩人依舊列出清單，也經常參照這些清單。事實上，我極為推薦這項作法，本章也有納入相關說明（請見下一頁的「10 件事習題」）。這些清單能夠奏效，因為可以迫使我們面對不自在的現實面：我們的開銷無法反映出我們的價值觀。彼此分享清單後，我們敞開心胸，比以前更能暢談金錢事宜，而我決定提出 FIRE 概念，或至少「大幅縮減開銷」這項概念。

　　我跟她說：「你知道我寄給妳不少財務獨立相關文章嗎？我閱讀大量資料，覺得這對我們很有意義。」我解釋如何初次聽到錢鬍子先生的訪談、我與喬的對話，以及從那時起，我做了多少相關研究。我坦承對 'FIRE 全然縈迴於心，比我所透露的還要更加著迷，而我深深覺得，我們必須追尋 FIRE。

　　泰勒隨即問我，怎麼不早點告訴她。通常，泰勒與我頻繁討論內心所想的事，而我卻把這件事藏這麼久，有點不合常理。我向她解釋，我很擔心她會不聽勸，因為我們之間很難討論開銷話題，而她總是忙得不可開交，要照顧喬薇，又得應付工作。再加上，FIRE 需要截然不同的生活型態，而我們不確定

是否能辦到。

泰勒不發一語，聽我說話。我可以看出，她試著猜出這是不是我另一個瘋狂點子，或是較為認真的一件事。

她問：「你真的認為我們可以提早退休？」

我點點頭。

「那麼，我想知道更多。」

▌10 件事習題 ▌

人生在世，時間短暫，而在太多時間裡，我們努力賺錢花錢，虛耗人生。但實際上，你想把時間拿來從事什麼？你喜愛享受什麼事？怎樣才能盡量利用時間用途？

這項「10 件事習題」十分簡單，卻效果顯著。以每週為基準，列一份清單，寫下你最喜愛做的事情。也可用月份當作時間範圍，不過我喜歡以週為基準。平日通常太過忙碌且充滿待辦事項，而一個月的時間又嫌太多，可能做出多餘規畫或有浪費金錢

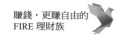

的想法。一週內的生活大約就是你的人生縮影，因此才能顯現這道練習深富洞察力。假如你與伴侶一起做這道練習，要等到兩人完成清單後，才可相互比較。寫完清單後，省思一下所寫內容。關於這一項活動，你注意到甚麼事？是否有種模式或主題可循？有甚麼東西沒被列入？

也可多寫一份清單：列出 10 件事，寫出你每月花最多錢在哪些項目，然後把它拿來與「10 大最愛活動清單」比較。你是否把錢花在真正喜愛的事物上？

接下來幾天，泰勒與我最後終於能夠詳盡討論 FIRE。她很有興趣，也能坦然接受這些概念，但她不太喜歡 FIRE 聽起來有多麼極端：住在露營車裡，自己栽培作物來吃，我們目前的生活怎可能這樣做？存下半數存款，在大約 10 年後退休，假如有這麼「容易」，為何人人不這麼做？要存下我們所賺收入的一半金額，甚至可能嗎？

我對這些問題沒有答案。但我很肯定，只要開始起頭，就能找到辦法。畢竟，我們都同意目前生活方式不太管用，FIRE

不是極端的方式，僅是用來追尋財務獨立的手段

「選擇財務獨立」（Choose FI）播客訪談某一集是「財務獨立的棟樑」，大大改變了泰勒的想法。這次的討論單槍匹馬，就能讓 FIRE 從原本的新奇事物轉為真正可行之事，泰勒真的倍受激勵，明白了 FIRE 對我們有什麼意義。她覺得終於了解節儉背後的「原因」，也就是該項運動的哲學理念。她認為以下內容是那一集的關鍵陳述，播放給我聽：其中某位主持人是布拉德・巴雷特（Brad Barrett），他說：「我們不是宣稱各位應該如何過活。換個不同角度想想吧！」泰勒回應這項概念，認為：**FIRE 不是根深蒂固的極端方式，僅是用來努力追尋財務獨立的手段而已。要以怎麼樣的速度達成、沿途需要作出什麼抉擇，全由自己決定。**一旦她覺得更加深受鼓舞，了解自己可以自選方式追尋 FIRE，我們決定開始鑽研所需數字。

我們坐在餐桌前，向她出示上週所做的兩種計算；我在網路發現一種稱為「退休計算機」的工具，以此算出數字。我根據我們的 2016 年所得稅申報來計算。那一年，我們的稅後淨收入是 142,000 美元，總開支是 132,000 美元（其中包括 10,000 美元，是用來清償我的就學貸款），而我們僅存下 10,000 美元

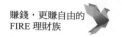
左右。其中一項計算顯示：假如我們以這種方式繼續下去，到
何時才能退休。我選擇把開銷費用定調在每年 120,000 美元左
右（也就是每月 10,000 美元）。另一項計算則是顯示：假如開
銷費用減半，每年僅花 60,000 美元，到何時才可退休。我確切
遵循了 FIRE 的數學原則，所以這兩種計算都假定有 5% 的投資
報酬率，以及 4% 的提領額。

> 退休年齡：34.3 年後
> 存款率：16%
> 年度開銷：120,000 美元
> 年度存款：22,000 美元
> 每月開銷：10,000 美元
> 每月存款：1,833 美元

> 退休年齡：11 年後
> 存款率：58%
> 年度開銷：60,000 美元
> 年度存款：82,000 美元
> 每月開銷：5,000 美元
> 每月存款：6,833 美元

▎退休計算機如何運作？▎

在退休計算機打出你目前的收入，再減去你目前的年度開銷額，算出你的存款率。根據這樣的存款率，計算機算出你還得工作多少年，才可存夠金錢，以便讓你的投資額年度收入涵蓋你的生活開銷費用。

網路上有某些好用的計算機，專門用來計算提早退休。不過，我也決定建立一套本書的計算方式，讓好奇的讀者套入自己的數字，以輕鬆簡便的介面，看看自己的退休日期。這套計算方式簡稱「PWF」（Playing with Fire 縮寫），簡單明瞭，但非盡善盡美。它目前沒有計入你的收入和開銷如何隨著時間而改變，譬如房貸付清等等。不過，我認為它是絕佳跳板，將來仍打算更新。在以下網址可以找到這個計算器：http://playingwithfire.co/retirementcalculator

我再次解釋這項計算。在這個情況裡，假設年度開銷費用是 60,000 美元，就必須從投資額收入存下 150 萬美元，以支付

我們生活方式費用。要多久時間才可存下這麼多錢？根據我的計算，這會是 11 年，假設年度存款額是 82,000 美元的話。如果收入增加，或是可以降低開銷費用到 60,000 元以下，就能更快達成目標。相反的，如果收入降低，存款額變少，就必須花更長時間達成目標。

泰勒問：「至於通貨膨脹呢？萬一股市崩盤怎麼辦？」在 2008 年金融海嘯時期，都曾見到親友丟了飯碗、失去房子，而我們不想冒險承受大難臨頭。

我解釋，所有這些數學計算都是根據 5％的投資報酬率；大多數年份裡，股市收益率比這個更高，只有少數幾年較低。而且這項計算也假定有 4％的提領率。理想而言，這個 1％的差額提供緩衝，免受通膨與尋常市場波動之苦。然而，如果股市確實完全崩盤了，這又另當別論了。（請見以下方框內容）

我向她說：「有成千上百的人都這樣做。有些人已經退休好幾十年了。」

▌萬一股市崩盤，實際情況會如何？▌

你可能跟泰勒想的一樣：萬一股市崩盤，而你的投資有大部分的價值損失或是全部損失，會發生什麼事？那麼，你可能沒錢、沒工作，基本上落魄不堪。

FIRE 背後的數學原理並非萬無一失，假如面臨全球性的金融災難，也無法預料將會發生何事。但在大多數的一般情勢裡，這項方程式運作得很完美。事實上，根據先前引用的三一大學研究，就 30 年為期的預測來說，有 98％的時間裡，這項 4％的提領率都能行得通。我第一次讀到這個，我在想「萬一我家正好是那個行不通的 2％，會怎樣呢？還有，如果我們在 40 歲退休，我們的退休窗口（retirement window）可望比 30 歲還要更久。

針對這項問題，普遍的答案是：如果你擔心風險，就要存下年度開銷的 35 倍，並且運用 3.25％的「安全提領率」。也就是說，在退休前，你必須存下更多錢，但這可以給你更大緩衝，度過金融危機時刻。

另外，FIRE 並沒有強迫你「只要達到存款目標就得退休」。一旦達成財務自主，泰勒與我都打算繼續工作（以某種形式或其他形式來工作），而且，就算股市下跌，即使收入微薄，

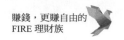

也足以支撐我們過活。

社會安全保險金也是另一種緩衝。大多數人追尋 FIRE，並未把社會保險金計入他們的預測裡。於是，只要社會保險金開始生效，社會保險金變成額外的財務緩衝。另外，假設你沒達到存款目標的數額，或假如廣大的金融環境並不配合，那麼就繼續工作或降低開銷，可望幫你度過任何難關。有必要讓情況更完善之時，所有這些辦法都能緩解。

她說：「所以你是說，11 年後我就能不為五斗米折腰了？」

我點點頭。如果我們縮減 50％的開銷，在 40 歲左右就能退休。她抬頭看著我，說：「我加入。開始進行吧！」

我覺得終於能夠放下肩上重擔了。這正是我想要的作法：並肩展開大冒險，一起準備面對所有未來發生的事。

「但是我不想放棄 BMW。」

好吧，看來事情仍待商榷。不過，這算是良好開始。

▎換泰勒來說：逐漸接受 FIRE ▎

在本書裡，針對我們的 FIRE 經驗，我要求泰勒分享她的觀點。我利用方框，通篇納入她這一方的說詞。關於下決心追尋 FIRE，以下是她所述內容：

一提到財務，我簡直天真的一無所知。我總是相信「享樂」與「想做就做」即是幸福快樂人生之鑰。結果，有時換來大筆車款、機票費用、汽車相關應繳款項、諾德斯特龍（Nordstrom）高檔百貨公司帳單等。你說中了！我熱愛生活。與友人外出，我喜歡為大家買單。我喜歡去新餐廳嘗鮮。我喜好「說走就走」，在週末出去旅遊。我的信念一向是：只要沒有負債，這樣做有何不可？

所以，一開始讀到 FIRE 相關文章，我倒是不太熱衷。我不但喜愛開著我的美麗名車、享受精品事物，我還不喜歡別人嘲笑我是「浪費錢的愚蠢消費者」。我認為，不管這群「財務自主」的人是誰，他們與我絕非同道中人。

然後，史考特傳給我一份「選擇財務獨立」播客訪談。在聽第一集的時候，主持人布拉德・巴雷特和強納森・門多薩（Jonathan Mendonsa）描述：「通往財務自主之路，人人巧妙

不同」。某人的方法不會比你的辦法更好或更糟，差別在於只要方法管用即可。他們說，想給聽眾一些攻略指南，而非告訴聽眾該怎麼做。我喜歡這樣的作法，比起某些我讀過的其他資料，這種作法看起來較能引起興趣，也較為平易近人。如此一來，我不必因為身擁何物或居住何地而覺得愧疚。

　　看到數字計算出來，我終於轉念了。假如我們繼續這般過活，我下半輩子都還得不停工作。我可能會錯失機會，沒時間陪伴史考特和喬薇，而這並非我想要的事。

　　拍攝這部紀錄片，我有機會認識好幾百人，他們與我們一起踏上 FIRE 旅程。本書納入了某些人的訪談。

FIRE 實例 ①
平均收入 22K，也可以養活七口人

- FIRE 理財族：蒙大拿州卡利斯佩爾市的吉蓮（Jillian）
- 財務獨立前的職業：銷售員
- 目前年齡：35
- 財務獨立年紀：32
- 目前的年度花費：30,000 美元

FIRE 對我的意義是？

從小家境清寒，我很快就能理解，金錢如何給人選擇和自由。從小到大，我體驗過不少惡劣的童年經歷。我一度要求母親離開不良婚姻，但她很怕無法親手撫養小孩長大。我覺得我被困住了，一旦我有辦法自食其力，我便搬出家裡，開始獨立過活。

我的 FIRE 之路

高中畢業一年後，我與亞當結婚。我在高中時期就存了8,000 美元，用來購買宿營車，住進裡面。婚後第一年，我跟亞當都是住在宿營車裡。他負債 45,000 美元，而不久之後，還欠下了另一筆 10,000 美元醫藥費，因為青少年時期他並沒

有保險。所以，我們以 55,000 美元的債務來展開 FIRE 旅程，
20 歲開始住在宿營車裡，還有一台自行拼湊的吉優汽車（Geo
Metro）。這樣的起步點不算太光鮮亮麗。

亞當加入軍隊，還清他的就學貸款，然後我們盡可能節儉
度日，只花用他的薪水，而把我的收入存起來。我們還有一位
室友，而且僅能露營度假。到了 21 歲之前，我們清償了全部債
務，而到了 24 歲，我們已經有了第一筆 10 萬美元存款。

十年後，亞當以軍士退役，軍隊月退金是 1,450 美元。他
退伍後，我們兩人繼續工作，存夠了錢，用現金買房，後來還
買了兩處房產出租給人。我們一直想要財務獨立，但也有偉大
夢想。我們想要「迷你退休」（mini-retirement），給自己長期
休假，嘗試財務獨立之後的生活會如何。

我們想要環遊世界，也想收養小孩。我們明白，自己的財
務獨立之路必須包括所有這些事。所以在這個過程中，我們進
行了 4 次迷你退休，範圍從一個月到一年都有，已經遊歷 27 個
國家、在國外居住、收容 4 名寄養小孩，還有兩名親生子女。

概略說明

✓ 以 60,000 美元*的平均年收入，花了 13 年時間，達成
　財務獨立。

✓ 在這個過程中，我們進行了 4 次迷你退休，出門旅遊、
領養小孩，且以租金建立被動收入。

✓ 依靠亞當的軍隊退休金、租金收入和投資額來過生活。

✓ 提早退休，使我們有資源和能力，收容 4 個寄養小孩。

✓ 我們花了 50,000 美元現金，購置一間需要修繕的房子，
並且親手進行大部分的房屋裝修。

最難的事

在 30 歲左右退休，對我們某些朋友造成了壓力。許多人真的倍感困惑，尤其是我們從未名列高收入族群。隨著我們的成長與改變，某些舊友開始遠離，讓我們覺得難受。有些人非常支持我們，也了解我們如何利用財務自主，活出最佳人生。其他的友誼日行漸遠，因為比起其他人所處境地，我們已經身處不同人生階段。

最棒的事

無疑地，在我們的 FIRE 旅程裡，最有價值的事情莫過於有能力領養 3 名子女。沒有任何寄養家庭像我們一樣，有能力一

---

* 家庭收入 6 萬美元，約新台幣 15 萬元，以當地稅率、消費水平而言，相當於台灣 22K。

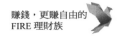

起留下 3 個寄養小孩。由於我們能夠自由旅遊，且把家庭列為優先，孩子們日漸成長茁壯。能夠陪伴他們，真好。

給各位的建議

現在就開始，針對自己想要的人生，清楚描繪願景。我們有這麼多財富，力量都是源自存款、早期投資，且以租金收入甘冒預計風險。

第 4 章

把省錢焦點放在
關鍵開銷──大三元

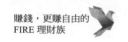
　　一旦我們決定實施 FIRE 心態，我們知道需要一份計畫縮減開銷。為了進行這份計畫，我們相當依賴錢鬍子先生的某篇貼文，標題是〈提早退休，背後的數學計算極其簡單〉，內容說明最重要的數學計算只不過就是將「所賺金額」與「開支費用」進行比較。

　　假設從你拿回家的所賺收入裡，你存下其中的 60％，大約十年後就可以退休。我們目前存款比例不到 10％，而且有時還會動用儲蓄去旅行和大型購物，依此狀況來看，該如何存下 60％ 呢？大多數 FIRE 追尋者僅把焦點放在幾項關鍵開銷，**通常稱為「大三元」，也就是住房、交通和食物。** 其中兩項似乎是禁區：我們的租屋處有兩年租約，所以無法搬家，而且無法擺脫我們的新車。這台馬自達車子的租期是我夢寐以求的交易，而泰勒說得很清楚，想協商這台BMW的租賃，絕不可能。

　　以下是我們提出的 10 步驟計畫：

1. 削減「享樂」開銷，如亞馬遜網路購物、電子產品、服飾、喬薇的玩具等。
2. 停止外食。在家吃早餐和晚餐，自備午餐去上班。

3. 檢視每月固定花費，像是網際網路、網飛（Netflix）影劇網站、葫蘆（Hulu）影片網站、HBO 頻道、電話費帳單、健身房會員、喬薇的游泳課等。

4. 消遣娛樂要維持免費或低成本方式，例如：在沙灘散步、在家看電影、與朋友「各出一菜」到家裡聚餐。

5. 賣出家裡沒有在用或不需要的東西。

6. 搜尋較不昂貴的托育選項，如托嬰中心或「共享保姆」（shared nanny）。

7. 盡可能騎腳踏車前往各處，史考特通勤上班也是。

8. 減少度假次數，並利用信用卡回饋金來付這些錢。

9. 一旦房子租約到期，找更便宜的地方居住。

10. 尋求額外收入可能性，比如說，史考特偶爾可以自行接案，而泰勒努力擴大佣金機會。

此外，我們還計算開支是多少錢，以及開支項目有哪些。我知道這肯定大開眼界。

到目前為止，我們設法不使自己深陷經濟困境，但這並非歸功於策略規畫。簡單來說，我們只是隨興而為。讓事情更加模糊的是，泰勒是抽佣金維生，至於我大部分職涯，是以接專

案的方式進行工作，所以我們的收入不算持續穩定。與其更加積極存錢提供緩衝來度小月，我們總是大花特花，猶如該月收入頗豐一般。我們樂觀說服自己，一旦需要用錢，鐵定可以賺到更多錢。回想起來，我們真是極為幸運，能夠收入漸增，卻沒遇過任何重大災難性的財務損失。

　　在我們算出可以用來過活的 FIRE 友善預算之前，我們必須列舉當前開銷項目。這不是第一次試圖檢視開銷項目了，但我總是認為這樣做簡直是惡夢瑣事，寧可拖延幾天才做，有時甚至拖了一年。部分原因是我很害怕看到自己發現的事，而其他原因則是我說服自己：既然我們都這麼努力工作了，收入也這麼好，根本不須以這種小事來煩自己。現在，我們必須面對面，檢視這些小事。但這次感覺不同。有了 FIRE 當作終極目標，在這個早春 3 月的週六早晨，泰勒與我騰出 3 小時，彼此做好準備迎接最糟狀況，然後跳入其中。

要讓自己的花錢方式符合價值觀

　　以下是我們每月平均開銷細目，我們劃分為幾個較大類

別。至於某些開支項目（譬如住房和雜貨），則是一整年的平均數，其他項目則算至 2017 年 2 月為止（最近的一整個月份）。我們蓄意撇開健康保險和聯邦州稅，因為薪資已經預扣了這些項目，不能代表實得薪資的「支出」項目。為求簡化數學計算，以下總計數字都是整數。（以美元為單位）

租金	300
托育費用	2500
汽車租賃	650
汽車保險和燃料	600
公共事業（水電費）	150
醫藥費自付額和處方藥	140
行動電話費和網路費	300
生活雜貨	1000
外食	1100
遊艇俱樂部	350
娛樂消遣	450
雜項	100

我們的平均每月支出額（average monthly expense）總計是

10,340 美元，一年高達 124,080 美元。我們所賺收入頗高，但嚴格來說，依舊得為五斗米折腰。長久以來，我一直忽略這個事實，但現在白紙黑字寫出來，說明這種方式無法長期永續下去。要是我們其中一人被解雇，或是突然面臨大筆意外支出，麻煩可就大了。

我們不僅要降低開銷總額，針對 FIRE 目標，**我們還要讓自己的價值觀符合花錢方式**。看著這些證據，某件事顯而易見，也就是對於自己的未來，我們不是絕佳捍衛者。就哲學理念而言，泰勒與我都很重視簡樸和極簡主義，但就實務面來說，我們過度消費且存款不足，重視片刻短暫的滿足感，而非長期穩定性。

把每月支出費用除以 30 天，可以算出，我們平均每天花費 345 美元。問題出在：我們以 750 美元，在高端家居零售商「West Elm」促銷活動買了一條地毯（原本要價 1,000 美元，真是划算對吧？），然後漠不關心地毯清潔。**我們花了太多錢買不需要的東西，卻覺得被剝奪最想要的事情**，例如探險、休閒活動、相處時間等。我們積聚的生活能量被一堆物品圍繞：家具、精美攪拌機、平面電視、一瓶要價 50 美元的美酒等。這

些東西的代價不僅是數字而已，還損失了我們的平和心境。

再者，更讓我懊惱的是，我們的報告顯示，我們兩人同樣都有錯。我認為自己是節儉的這一方，但顯然並非如此。泰勒喜歡去諾德斯特龍高檔百貨公司買衣服，花錢租賃 BMW 名車，而我喜好享用昂貴午餐，購買科技產品，付錢成為遊艇俱樂部會員。我細想了一下，我們的娛樂開銷居然高達每月 450 美元！到底是怎樣的消遣娛樂，讓我們能花費 450 美元？後來才想到，我住在聖地牙哥，其實到處都有為數驚人的免費戶外消遣活動。

我們每月伙食費是 2,100 美元，也就是一天約 70 美元。我最近讀了一篇文章，內容有關某對夫妻在家烹煮三餐，一天花不到 10 美元，以此追尋 FIRE。我們要怎樣才能從 70 美元降到 10 美元？看到這些奢侈開銷，真覺得尷尬，我發現自己開始有防衛心態。我在想：花費 549 美元買食物調理機，相當合理啊！而且我們需要兩台車，因為我們是住在聖地牙哥！關於已知可以縮減的每分開銷，我肯定這些開銷實在必不可少。

泰勒問：「我們畢竟有存錢，對吧？」

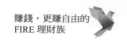
　　我們有存錢，但是不多。一如上述，在前一年（2016 年）泰勒與我的稅後淨收入總計是 142,000 美元。2016 年，我們的年度開支額大約 132,000 美元，也就是說，當年僅存款 10,000 美元，這大概就是我們的平均值了。直到目前為止，在某種模糊程度上，我總覺得不須太過注意底線，因為我們的存款總額將近 190,000 美元，這包括泰勒的 401k 退休福利計畫，以及我從生意收益放進羅斯退休計畫（Roth IRA）[*]裡的錢。

　　現在，我再也不能忽視這些現實面與我們開銷習慣的失足，還有長期將會對我們家造成什麼傷害。我突然明瞭，我們先前對於「夢幻生活」的定義是住在海邊、購用新科技產品、到高級餐廳吃飯，這樣的定義根本不是夢想人生，**我們的夢想人生是要免於負擔，不須為了開支發愁。**

　　更重要的是，我們過去自認「對開銷相當負責」，這也全盤皆錯。為求改變，我們必須開始追蹤日常開銷，大步向前。

---

[*] 羅斯個人退休帳戶也是美國退休金制度的一種，以稅後資金存入。因已扣稅，可隨時領出。

我們使用存款支付許多無謂的「單次」開銷，腦袋裡細微言語
嗡嗡作響，認為這些是工作所需！居然為喬薇買了全新的數位
監控嬰兒床！週末前往芝加哥旅行！基於某些理由，我們從未
認為這些類型的「不尋常」花費應該編入每月預算裡，但從現
在起，我們必須這麼做。

　　如果我誠實面對自己，我必須承認，我曾天真希望這道練
習可以反映出我們是很聰明的消費者，事實卻不盡然如此。也
曾天真想過，只要稍稍改進一下，即可輕鬆削減一半開支。相
反的，我面臨殘酷現實，我們其實離常軌還差得遠了。

合理的生活開銷，從伙食費開始縮減

　　我們正考慮著如何縮減開銷，但問題出現了，我們根本不
清楚「更合理的生活方式」看起來是怎樣。大多數住在聖地牙
哥的親友所過的生活方式與我們相差不遠，而我敢打賭，我們
的開銷額比許多親友還要低！另一方面，我知道有些家庭的開
銷只有一半，或甚至只是我們開銷額極小部分而已。但是要怎
麼做？他們從何開始？假如想要盡快達到財務獨立，而且真的

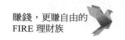
實際施行，我知道必須極端縮減開銷。

於是，我們決定把焦點放在伙食費。節儉森林網站家族寫道：他們一年僅花錢外食兩次而已。「選擇財務獨立」播客訪談的布萊德提到，他的妻子學會烹煮餐點，每人每餐僅花費 2 美元而已。而錢鬍子先生的彼特持續宣揚，自己多麼喜歡特意去好事多（Costco）買東西。這些建議的核心似乎顯而易見，就是停止外食，開始在家烹煮用餐，大宗購買雜貨。

直到那時，我的早餐一向是每天去星巴克買咖啡和三明治。這是首要刪除的花費。每天買一杯咖啡，實在說不過去，因為我的工作場所就有提供免費的研磨咖啡，還有冷飲機可供所有員工隨時取用。至於早餐，我到好事多購足雞蛋和墨西哥玉米薄餅，自製墨西哥玉米粉捲餅冷凍存放，當作早餐，帶去上班。

為了算出這項改變對我有何實際「價值」，我使用財務導師建立的「拿鐵因子計算機」(Latte Factor Calculator)。對於看似無足輕重的長期小額開銷，這項計算機可以計量成本。本質上，這個計算機告訴你，假設這些小額款項是用來投資（還賺

到複利）而非花費，隨著同樣的時間期過去，同樣的錢會賺到多少金額。如果我沒改變我的星巴克咖啡習慣，將會產生以下花費：

- 每天一份星巴克咖啡加三明治，月支出是：160 美元

- 平均年花費是（160 美元乘以 12 個月）：1,920 美元

- 30 年的花費是：57,600 美元

假設同樣的錢用來投資，30 年後的收益是（假定有 5％的報酬率和複利）：133,161 美元

接下來處理午餐和晚餐。多年來，泰勒與我幾乎每天購買午餐來吃，有不少晚上，我們出門外食或叫外賣，這對我們而言實在正常不過了。我們根本沒想到自行烹飪，僅假定不會在家用餐。現在我們發誓，要做完全相反的事，而我開始煮晚餐煮多一點，以便將剩飯剩菜帶去公司當做隔天午餐。我們規畫如何煮餐，盡可能在好事多一次購足許多食材。一起去零售商購物、大宗購買、只買清單上的物品，所有瑣碎事務結合起來，居然可以增進大筆儲蓄。

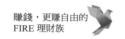
最有趣的是，同事看到我自帶午餐上班，紛紛問我怎麼回事，讓我大感意外。我原本每天都買星巴克和午餐外食，現在改為喝免費的公司咖啡，且用飯盒裝午餐上班，他們注意到我的急遽改變。我發現，大多數同事過著更加節儉的生活，遠超乎我的理解。我以前總是告訴自己，住在加州南部，若要減少開銷費用，簡直是天方夜譚，但證據一直就在我眼前。大部分的同仁每天自備午餐，還有許多訣竅和建議，知道如何縮減食物開銷。最棒的是，我開始將 FIRE 告訴大家，以及 FIRE 多麼有力地激勵我改變生活方式。

我們的社交生活顯然是最棘手的部分。在柯洛娜多，大多數親友跟我們一樣費時費力工作。我們經常在酒吧或餐館見面，把事情簡化。通常，我們會把這類短途出門當作一場活動，去最新最熱門的餐廳嘗鮮。即使該處不怎麼豪華，光是我與泰勒兩人，就能輕易花費 70 美元飲食。如果把這個乘上每月五、六次，那總計金額相當可觀。經過我們的「FIRE 對話」後，對於起初幾次的晚餐邀約，我們不是建議在便宜小吃店用餐，就是邀請其他夫妻來家裡享用自煮餐點。不過，並非所有朋友都喜歡這樣。

　　友人喬許和史蒂芬邀請我們週末去吃壽司，我們的首次應對這類問題。喬許和史蒂芬位高權重，收入顯然遠勝我們。他們的豪宅可以俯瞰太平洋海景。未實行 FIRE 之前，泰勒與我認為，虛擲 80 美元吃一頓壽司晚餐根本不算什麼。但是現在，沉溺於這類餐點猶如放棄我們的 FIRE 決定。我試著說服喬許，改做較為省錢的約會。我傳簡訊給他，向他推薦住家附近較為休閒的餐廳，可是他說他們上週才去過。然後我邀請他們前來我家用餐，但他說他們真的很想吃壽司。

　　後來，泰勒建議：「我們不妨前往，不要點餐太多就好？」我們決定前去，但不喝美酒；出門之前，先在家裡吃小點心，這樣才不會餓壞了。

　　史蒂芬建議我們喝一瓶酒，泰勒與我拒絕了，我覺得有點尷尬，只好推說我們現在不喝酒。這一生以來，對所有任何美食總來者不拒，此時卻如此自律，看似有點不符合我們一貫性格。勤儉持家，看來頗有預期成效，卻讓當晚感覺掃興，只因不敢大肆享樂，我好痛恨這種感覺。對於新發現的節儉承諾，我深感自豪，卻沒有勇氣向他們明說我們到底在做什麼。

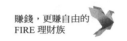

回家途中，我問泰勒是否與我一樣覺得不自在。她說聚餐很棒，用餐 15 分鐘後，她早就不介意吃了什麼，因為重點是花時間與朋友相處。不過，她倒是很納悶，我們做出這些怪異小決定，顯然就是為了省錢戰術，不知道從他人眼裡看起來會如何。在未來，我們若不是找地方藏匿，不然就得避開這類聚餐，或是向親友全盤招認，這樣他們才不會疑惑。

依我們之見，藏匿自己不是好辦法，而若避免聚餐，只會使我們與親友日漸疏遠。全盤招認，最為合情合理，或許也可以自然引導親友，為我們推薦較為便宜的選項，如遊戲之夜、到家裡用餐等。也許我們很天真，但真心希望親友加入我們行列，同樣跳上 FIRE 火車。

整體來說，削減食物開銷，並非一如我們害怕的那樣痛苦與匱乏。事實上，到了 3 月底，我們兩人都同意，整個 FIRE 生活方式其實比預期的還要容易。在週末騎腳踏車、自備午餐去上班、邀請朋友來訪，現在我們已經處理好這類小事，明白該是時候進行更大改變了。

第 5 章

戒掉不尋常的消費，
每分錢都花在刀口上

以下這個「BMW 長篇故事」是發生在泰勒與我之間，遠在得知 FIRE 之前即已發生的事。其實這與喬薇的出生有關。在這之前，泰勒一直開的車是 2010 年份的雪佛蘭探界者（Chevy Equinox）。這輛車安全可靠，但泰勒與我一直都習慣在幾年後就換一輛新車。

現在看來，我覺得這樣絕對不合理。東西沒故障，為何要捨棄？大多數汽車可以輕易維持 15 到 20 年，所以為何要放棄駕駛一台車齡才四、五年的車子？不過，我們同時也沒懷疑過這樣的想法。我們找正當理由辯解：我們需要一台四輪傳動汽車，前往太浩湖。車子里程數如果超過 10 萬公里，我認為在公路上並不可靠。我想要新的導航系統和遮陽篷頂。而真相是我們喜歡駕駛新型名車而已。

於是，在喬薇出生後幾個月，泰勒提到想換新車，這早在我的意料之中。那時，我才剛換了一台馬自達新車，每月租賃額只要價 250 元美金，真是划算。不過，我倒是很詫異她說想換 BMW。我認為我們不是俗麗搶眼的 BMW 人士。我描繪我們自己是運動型人士，也是實用派的馬自達或速霸陸汽車駕駛人。

我們同意，最多能負擔得起 400 美元的月付金。假如她找得到租賃金這麼低的 BMW，就可以換車。但我相當肯定，這一州裡沒有這樣的 BMW 交易，無人會給這般優惠。我希望她找 BMW 時遭遇挫敗，回到家來，帶了一輛較為合理且經濟實惠的車子，如中型休旅車之類的，以便輕鬆帶著喬薇出門。

一週後，泰勒找到一輛 2015 年份的 BMW 寶馬 3-Series GT 掀背車，把車開上路。這是一台極為漂亮迷人的跑車。有少數製造商提供二手車租賃，BMW 是其中一家。泰勒恰好找到舊型 BMW，首付金僅 2,000 美元，月付金是 401 美元。我那天學會寶貴教訓：我太太幾乎可以克服所有障礙，不管機會多麼渺茫，臉上總是能閃過一抹得意微笑。

儘管如此，在允諾要過更加節儉的生活後，我認為這台 BMW 顯然就是首要剔除的奢侈品。然而，打從我首次提到 FIRE 開始，泰勒就明確表示這台 BMW 絕不妥協。從那時起，她就拒絕討論這件事。假如我要妻子持續與我共行 FIRE，我就得絕口不提這三個英文字母。

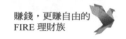

陷入沉沒成本謬誤，投資會一去不回

我知道，若要有一絲希望勸服泰勒重新考慮 BMW 決定，就必須自己先做痛苦決定，取消我的遊艇俱樂部會員資格。我必須向她表明「利益共享，風險共擔」，我願意犧牲自己最大樂趣之事，換取全家利益，追尋 FIRE。

泰勒與我起初搬到聖地牙哥地區之時，我們打算耗費許多時間在水上活動，玩衝浪、划槳船、游泳等，可是實際上卻不然。我們太過勤奮工作，從未有空從事這類活動。我夢想能有自己的船，但就現實而言，我根本沒空維護一艘船，更別提每月 500 美元的服務手續費了。因此，我大夢初醒。

之前向泰勒鼓吹遊艇俱樂部會員資格時，我說：「每天早晨，我開著船駛過柯洛娜多橋下，遠看美麗的海面，提醒自己錯過了什麼事。生活快把我逼瘋了，如果我這麼辛勤工作，就該讓工作有所回報。」

我想加入某個遊艇俱樂部，它可以讓會員把車停下、不搭車，名副其實進入一艘符合自己所需的船，可以帶朋友外出欣賞日落美景，或是在離岸約 15 公里處垂釣黃尾魚。然後，經

過一整天或是傍晚流連水上後，會員可將船隻靠岸，下船去開車。不需要維護費、清潔費，也不會浪費時間。只需在用船之時，自費添加燃料即可。況且，全國都有附屬俱樂部可供利用！當時，這對我而言簡直完美無比，忙碌又喜好旅遊的家庭嚮往遊艇樂趣，卻不用負擔船主所有權費用。

而我是對的，這種遊艇會員資格令人驚喜。我帶客戶出海遊玩，泰勒與我帶喬薇在船上野餐，我還在傍晚與好友一起釣魚。這是我自己花過最值得的費用，我必須承認，我實在無法想像放棄資格會怎樣。但是有了 FIRE，每分錢都必須花在刀口上。最令人沮喪的是，我已經投入 6,000 美元來付首期會費。這是一筆無法退費的單次費用，除此之外，還得支付月付金。假如我放棄會員資格，就浪費這筆錢了。經濟學家稱之為「沉沒成本謬誤」（sunk cost fallacy）。

▌定義：沉沒成本謬誤 ▌

對於新加入 FIRE 旅程的人來說，「沉沒成本謬誤」是很普遍的錯誤想法。有人想要降低燃料費用，卻不願意賣掉自己的耗油車輛，因為這台車已經折舊了。或者，有人想搬到較小的便宜公寓，卻拒絕搬家，只因為最近購買的新家具無法放進較小公寓裡。或許衣櫃裡還掛著一件 200 美元的外套，但你再也穿不下了，你不忍心丟掉這件外套，因為它要價不斐。

「沉沒成本謬誤」之所以會發生，是因為你根據已經花費的金錢來定出某物價值，卻無法反映出該項物品的實際市值，或是其未來價值。基本上，這樣的投資早已一去不回，所以，判定是否該丟棄或保有某樣東西時，別把沉沒成本列入因素考量。你這件外套不再價值 200 美元了；寄售庫存店都能找到這樣的外套。

簡而言之，也就是你該停損了。

除了幫我認清沉沒成本外，FIRE 框架也提供強力決策點，判定是否需要不尋常的消費：我是否真的想要遊艇俱樂部、

BMW、健身配件、無人駕駛飛機，或是我想要在十年後達到財務自由？這項物品或服務真的是我人生幸福首要之務？假如是，比起我們在目標期限內達成財務獨立，這有比較重要嗎？

在 4 月初某個怡人的週六，大約是泰勒與我展開 FIRE 旅程後的第五週，我最後一次帶著家人出海去玩。那是一個天氣晴朗的聖地牙哥下午，大約攝氏 22 度，陽光普照。在卡布里歐島碼頭（Cabrillo Isle Marina），我們跳上一台約 6 公尺的「颶風號」鋼船（Hurricane Bowrider），乘船遊覽聖地牙哥海灣。

泰勒與我打開幾罐最愛的當地啤酒，舉杯慶祝海灣上的美好時光。隨著太陽西沉，我們經過中途島號博物館（USS Midway Museum），看到壯闊的市區天際線。看著泰勒與喬薇在後面甲板追逐嬉戲，我想著，雖然即將錯失這些體驗了，卻很值得，因為將來能有更多時間陪伴家人。至少我希望如此。

我深深吸了一口氣，說：「親愛的，我們必須討論這輛 BMW。」

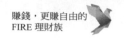

改變對花錢的看法，看重長期的享樂

　　一週前，我取消了我的遊艇俱樂部會員資格。自那時起，我就很緊張，不知該如何提起 BMW 這件事。但我知道事情不能再拖了。我們已經取消遊艇會員資格、大幅削減全部娛樂預算、放棄網路購物癮頭，即使如此，平均開銷依然每月超過8,000 美元。我希望家裡有一部車就好，為了這樣做，我打算騎腳踏車上班，而非開車前往。既然馬自達車子的租賃金僅需250 美元，那麼，放棄這輛 BMW 及其 400 美元租賃金，也就合情合理。

　　我再次提出 BMW 的事，泰勒不太高興，但我承諾，我不會逼她做出不想要的決定，於是她同意至少討論一下。薇琪‧魯賓（Vicki Robin）是其中一位 FIRE 先鋒，也是《跟錢好好相處》（*Your Money or Your Life*）共同作者，書中提到：評估購物價值時，要比較一下，**該物實現的成果需要花掉你多少工作時間，才有辦法負擔得起？每件購物究竟值得你用多少人生時間換取？**

　　泰勒同意這項說法。所以我指出，奢華跑車的「價值」大

多是在於 Gran Turismo 引擎，但泰勒用不到這樣的渦輪引擎
特色。泰勒說她真的很愛駕駛這台 BMW。這對她而言非常重
要，帶來幸福快樂，而為了留下 BMW，她願意讓步所有其他
開銷。

對我而言，若保留這輛 BMW，即是違反所有的 FIRE 原
則，所以就算知道泰勒有多麼堅持，我也絕不放開這項話題。
最後，我問她：「親愛的，到底怎麼啦？你從來就不是大車人
士，而現在卻堅持要強力引擎和真皮座椅，宛如這是你的人生
天命一般。這看起來不像你。」

她說：「你聽好了，我辛勤工作，大部分時間覺得壓力很
大又很累。我無法全天候陪伴喬薇，雖然我很想。我們不是月
光族。不知何故，我就是得辯解一下。我必須覺得這樣是有充
分理由。只要看到 BMW，就能知道為何要辛苦工作，而我要
享受這般小小勝利感。」

我了解她的意思。很多次，每當我購買新手機或昂貴音樂
會門票，我也有同感。**但所有這些奢侈品加總起來，代價卻
是投入自己多年人生，只為了買東西發洩情緒。**我知道該做

什麼了。我拿出退休計算機，向她顯示，如果保留 BMW，意指我們何時才能退休：假設 BMW 的保留費用是每年 4,812 美元（確切租賃金是每月 401 美元），然後把這筆費用加進我們的 60,000 美元年度開銷預算裡，我們的 FIRE 日期就必須延長 18 個月。也就是說，會少了一年半的時間陪伴喬薇，但多了一年半的時間工作開會、視訊會議或受困車潮裡。就算是真皮座椅，也不是耗費一年半人生時間的合理化藉口。

泰勒沉默不語。

她問我：「你確定這種算法沒錯？」

以下是我向她出示的數字：

捨棄 BMW 的退休時間軸
退休年齡：11 年後
存款率：58%
年度開銷：60,000 美元
年度存款：82,000 美元
每月開銷：5,000 美元
每月存款：6,833 美元

擁有 BMW 的退休時間軸

退休年齡：12.5 年後

存款率：54%

年度開銷：64,812 美元

年度存款：77,188 美元

每月開銷：5,401 美元

每月存款：6,432 美元

　　幾天內，泰勒到「租賃交換」網站（swapalease .com）貼文讓渡這台車的租賃。我們花了幾個月的時間，才找到人願意接管這項租賃，但我們終於做到了。那一天來臨時，我們眼看著此人把 BMW 駛出私人車道，遠離我們的人生。

　　不久之後的幾個月，泰勒常跟我提起，她有多愛那輛車、有多麼不捨。但只要一想到要花多少時間在上面，她就會說沒有後悔放棄。看到她的轉變，我很驚喜。每當我們向剛認識的人解釋我們的新生活方式，有時真覺得飽受打擊，而泰勒就會說出這個 BMW 故事，以此為例，說明我們所做的選擇，以及對我們的未來有何衝擊。

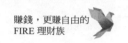
　　一開始，追尋此道讓我覺得很孤單。我很焦慮，害怕成為總是對任何開銷說「不」或質疑開支的人，我不想變成「痛恨享樂的史考特」。但只不過才幾個月後，現在卻換她興奮分享BMW的斷捨離故事，只為了她深信的奮鬥目標。

　　在這趟財務自由旅程，我再三聽到此類故事：有時，某些人捨棄自己積極享受的奢侈品，即使每天都在用。可能是湖邊小屋、私人教練、或是帶有游泳池的房子。但一旦面對自己必須花費多少工作時間，才能支付這些奢侈品，這樣的現實面使他們（不久或以後）欣然決定斷捨離。

　　事情也變得明朗，我們的個人物品不僅是物件而已。這些物品對我們人生有同等意義，比如遊艇俱樂部會員資格，代表我想過的戶外活動人生，而泰勒的BMW也是一種印記，象徵辛勤工作的成果。在捨棄那輛車的那一晚，泰勒轉頭跟我說：「看到那傢伙開走我的車，我好傷心。但無關這輛車，是有關我自己。我覺得，自己『舊有』的一部分已經遠離。」

　　我完全能夠理解。在過去，每當泰勒與我花了幾百美元吃壽司聚餐，或是我為馬自達車子購置車頂行李架，以便裝載衝

浪板，宛如象徵我們過著成功享樂生活，好像成為人人稱羨的
夫婦一般。

　　現在，我們以全新方式看待決定。**不花錢享受體驗或購
物，我們優先看重長期幸福快樂，而非短期享樂。**要堅持到
底，最是困難。

▎FIRE 的用車指南 ▎

　　如同大多數財務獨立社群裡的購物方式，FIRE 也有容許的
購車方法，經考驗證明是可信的過程，結合了自我省思、現金和
數據資料。

　　這不是說你非得遵循指南或做出同樣抉擇，許多身處 FIRE
路徑上的人家裡都有兩輛車、駕駛較新車型或甚至堅持原本的耗
油車輛。只要經過深思熟慮做出選擇讓幸福快樂更完善，你可以
執行自己的作法。不過，為了後代子孫著想，請考慮對環境友善
的選項，本該如此。

　　自我省思：第一步，請誠實面對實際上需要何種車子。覺

得哪些特色有必要？哪些特色只是為了享樂？或許你會發現，所需車輛遠比自己想的還要更小或簡單。一年去一趟家得寶公司（Home Depot）*，可以租車或借用貨車來進行。多久使用一次遮陽棚頂？渦輪引擎？

現金：避免使用車貸或租賃方式購車，要以現金買車，有兩項好處：可以降低成本費（因為車貸和租賃金的利息會多出好幾千美元，還有額外花費），也可提高議價能力。也能有管道從私人團體購車，免於試圖融資帶來的麻煩。

數據資料：在錢鬍子先生的文章〈聰明人的最佳前 10 名車輛〉（Top 10 Cars for Smart People）裡，他指出大多數人聽取軼聞資訊來判定車子。可能聽聞有朋友的起亞汽車（Kia）壞了，就不買這個品牌的汽車，諸如此類等。「要找到可靠車子，關鍵在於拋開所有可能聽過的私人軼聞資訊，所找的資源需有實質收集的數千人數據資料。

---

* 家得寶是美國一家家庭裝飾品與建材的零售商，也是全球最大的家庭改善類零售商。

FIRE 實例 ②
住大城市的小資族也能選擇理想生活

- FIRE 理財族：紐約州紐約市的托德（Todd）
- 財務獨立前的職業：銷售員
- 目前年齡：32
- 預計的財務獨立年紀：41
- 目前的年度花費：110,000 美元

FIRE 對我的意義是？

　　對我而言，FIRE 意指可以選擇一早醒來自行度日。我想要更簡單的生活，有更多時間陪伴家人、從事嗜好、接近大自然，也可選擇無所事事。週末假期美妙極了，有誰不喜歡週末？我想要建立一種生活方式，讓每天都像週末一樣。

我的 FIRE 之路

　　2008 年金融海嘯時期，我和妻子夏洛蒂才剛畢業，我們的總計年收入是 52,000 美元。當時職業（體育業和藝術業）的薪水創下歷史新低，但我們從未注重高薪工作，因為想要「遵從熱情」。後來迅速了解到，我們耗費長時間工作，與親友家人疏遠，但收益卻沒很多。幾年後，我們轉職離去，投入可以平衡

工作與生活的職涯。

幾年很快過去了。隨著職涯進展且收入開始變多，我想計算如何善用這筆新收入。在網路上幾番查找，我無意間看到 FIRE 這塊大坑，一頭栽進去。初次聽到 FIRE 概念，看似絕對荒謬。在 65 歲以前退休？一個收入平常的人怎麼負擔得起？我花了一整個下午坐下來，首次看到這些數字，我很驚奇的了解到：儘管我們狀況特殊（住在高消費水準地區、小孩不止一個），在理論上，這項概念似乎可行。

概略說明

- ✓ 2008 年金融海嘯時期開始之時，我們才剛畢業，所賺收入分別是 27,000 美元和 25,000 美元。

- ✓ 我們在 29 歲發現「財務獨立」概念，我們的淨值是 17 萬美元。3 年後，透過無數細小的改變，使我們的淨值增為 57 萬美元。

- ✓ 關於重大人生決定，像是買車、買房、結婚、生小孩等，我們都經過深思熟慮。每項決定都是預料中的事，不管是在情緒上或財務上，沒有準備好之前絕不魯莽行事。

- ✓ 我們過著一般生活，目標僅在於「花錢之時，要有所警

覺」。消費前先問自己：這是否能增進價值？是否促進幸福？

最難的事

對我來說，追尋 FIRE 之時，最困難的是在這個日復一日的「真實」世界裡，我有點孤單。公開談論財務，是一種禁忌，即使在好友之間，這種話題也很難說出口。要自己別太熱衷傳播 FIRE 觀點，實在很難。多次嘗試向朋友提起這項概念，到頭來他們都找藉口說自己情勢特殊、FIRE 太具挑戰性等。

最棒的事

踏上這趟旅程，已經有好幾年了。我們充分實現 FIRE 計畫，實質奏效。由於最終成果十分值得，能讓計畫持續運轉，我非常自豪，也很愉悅。FIRE 是長程馬拉松，如果我能做到，我也由衷認為人生其他事皆有可能。這是頂級的「找回力量」之舉。

給各位的建議

談到傳統的僱傭制度，僅是追尋熱情無法餬口。要找一家懂得賞識員工的公司，能夠提供挑戰性的工作，給予同工同酬。然後，再利用人生後半段來追尋自己的熱情。

第 6 章

買房，還是租房？
住市區，還是郊區？

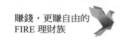
2017 年 8 月 8 日，是我那天早晨首次聽聞 FIRE 後的 5 個
月又 26 天，我再次開車行駛柯洛娜多大橋。不過這一次，我
不是要驅車迎向另一個上班日，而是泰勒與我正要離開柯洛娜
多島。

搬離高消費地段，只為盡早達成財務自主

決定離開柯洛娜多島，這件事發生得突如其來。但是多年
來，我已覺得，加州不再是我們的夢幻生活，反而變成阻礙，
矗立在我們與自身長期目標之間。發現 FIRE 概念之前，我們
就已經很清楚，假如我們在別處生活，家境會更富裕（字字都
是肺腑之言）。

取消遊艇俱樂部會員資格，擺脫那台 BMW，消除了我們
的躊躇不決，願意做出重大改變。我們環顧整個居家，找尋是
否有東西可以拿到克雷格列表網站（Craigslist）或 e-Bay 上網
拍賣。經過幾番腦力激盪，想減少喬薇每月 2,500 美元的托育
費用，比如說，把她改送托嬰中心，每月省下 700 美元。但是
某個相同看法在腦中盤旋不去：住在柯洛娜多島，實在太過昂

貴，但如果我們能夠全面縮減生活開銷，事情就能同步加速進展，因為我們對於花錢事物日漸不耐煩。

試圖找到更能負擔得起的生活境況，這並非我們初次突發奇想了。2015 年初，我們搬到加州才沒幾年，早先之時尚未聽過 FIRE。當時泰勒與我決定認真考慮買房。房價正在高漲，而利率卻是前所未有的低。人人都說我們應該加入購屋行列。我們知道自己想生小孩，也很明白，在柯洛娜多租的這間一房一廳屋子才約 18 坪，雖然對兩個大人來說很完美，若要養育小孩，可就太擠了。除此之外，這不就是成人該做的事嗎？我們怎麼還不把「買房置產」這道項目列入必做清單，如同「一般美國家庭」那樣？

我們開始探尋柯洛娜多地區的房子。一房一廳的小公寓要價大約 70 萬美元。即使我們薪資健全，卻看似不可能存下所需自備款，遑論成功申請核貸了。（不過令人意外的是，我們差點做到了；一向以為房貸放款成數等於一個人的理應所得，後來發現我們錯了。）柯洛娜多島的其他一切也是這麼貴。鄰近的卡爾斯巴德（Carlsbad）和恩西尼塔斯（Encinitas）這些海灘小鎮也好不到哪裡去：那裡的小公寓價格是以大約 60 萬美

元起跳。

我向泰勒說：「我們正好可以搬到聖地牙哥東方較遠處，離柯洛娜多僅有幾公里之遙，也能找到更加經濟實惠的房子。」

後來證明大錯特錯。我們打算把房價壓低到 50 萬美元以下，但很快就發現，這樣就得遠離親友和大海，也會大為增加通勤時間。實在很令人洩氣。最後，我們找到一個聯排住宅物件廣告，房價相當接近我們的 50 萬美元預算，房仲經紀人也信口開河，說只要步行幾分鐘即可到達海灘。

我們去看房子，發現該處位於繁忙的十字路口，而若要前往海灘，必須走過六線道公路之下。地毯和油漆都未曾更新，彷彿網路發明之前即已存在。客廳牆面有坑坑洞洞的痕跡，地上還有個小桶架。基本上，這簡直是單身漢的狗窩，可能是喜歡衝浪的傢伙，顯然毫不在意噪音、車水馬龍和空氣品質，甚至就連洗衣服也省了。但這間房子可能是我們要的，因為正好是 50 萬美元的低價！

我們不介意弄髒雙手，甚至還考慮出價，但一切不重要了。隔天，該處居然有 5 筆現金出價。事實上，我們那一年不

斷探尋房產，已經大約出價 10 次，全都被人比下去，從未有
屋主接受我們的出價。有一次，我們失心瘋了，居然為某間房
子出價 68 萬美元，只想看看事情會怎樣。我們沒成功，於是
放棄試圖買房，直到後來，喬薇稍後在那一年出生，我們僅是
換租一間較大的三房屋子而已。

然而，現在我們努力獲致財務自主，再次考慮買屋自住。
畢竟，假如必須花費每月 3,000 美元的居住開銷，為何要撒錢
租房子？我們仔細查找茲洛（Zillow）房產網站，猶如全職工
作一般，並且擴大搜尋加州鄰近地區和城鎮，那些都是我們以
前從未想過要住的地點。對於庭院、坪數、安全性和學區，我
們都讓步了！甚至還不在乎是否有自來水！

另外，我們也降低購屋預算：與其花費 50 萬美元，倒不如
想買一間 40 萬美元以下的房子。我們想過可以買雙併式住宅，
住在其中一間，把另一間出租給人。也曾討論過，把多餘房間
租給房客，或是用來當 Airbnb，供遊客住房。或者可以找小間
房子，跟目前一樣住在公寓裡。

在某一天，我開始找國內其他地區，包括我的愛荷華州家

鄉。我知道該地房價較為便宜，但竟然不知道有多便宜：在我小時候的居住地點，泰勒與我可以僅花 15 萬美元，就能買到一間四房的屋子！這聽起來較像我所知的人士：FIRE 信徒住在低成本的偏鄉地區，或是較小型的中西部鄉鎮。

這很合理，住在大型都市，最大好處就是職業機會很多，而一旦達成財務自由，即不需該項好處。再加上，遠距工作機會盛行，住在便宜地點卻同時賺到大城市等級的薪酬，其實不難。我把某篇文章連結傳給泰勒，內容有國內生活物價水準最低的城市。

我問她：「看起來不錯吧？」她沒回答。泰勒反而寄給我一些連結，有關 40 萬美元左右的加州「價廉不美」公寓，而我回傳一些連結，有關其他城市的漂亮現代住宅，也是差不多 40 萬美元。如同 BMW 事件一樣，我們之間又僵持不下。泰勒不想改變主意，她想留在加州，而我開始相信，或許花費 50 萬美元住進破舊老房，指日可待。

省錢一定要住在便宜的地點？

著手撰寫此書之時，我假定你必須住在便宜地點，才可達成 FIRE。謝天謝地，**我見過不少人證明不論住在何處都能實現 FIRE，關鍵在於如何過活**。當然，大都市的住家和托育費用較高。不過，廣受歡迎的「節儉森林」部落客麗姿·先姆斯（Liz Thames）向我解釋，都會生活有其優勢，如大眾傳輸系統、鄰里之間只有幾步之遙、零售物品便宜、有免費的消遣娛樂，這些有助於抗衡不少花費，端視自己的優先順序而定。

但我依然認為，如果住在高消費生活水準地區，較難達成 FIRE 之路。肯定必須推掉許多音樂會、餐廳外食與其他昂貴享樂時光，因為這些會分散你對新型節儉方式的注意力。就我們的經驗來說，我們花費巨款住在柯羅娜多島，卻無充足的明顯益處，除了住在海邊之外。我們的工作、家庭和樂趣，在其他地方也可找得到。但假如你無力奢望搬家或遠距工作，也別擔心。好消息是，不論居住何處，都全然有可能追尋 FIRE。

　　我突發奇想，要拍攝一部 FIRE 紀錄片。我在猜，如果不是因為如此，泰勒與我到現在可能還在掙扎是否在聖地牙哥置產。這件事起始於 2017 年 3 月。我與某位客戶講電話，說紀錄片真是強效工具，可以散布勇敢無畏的重大概念。我還列出哪些紀錄片真正撼動我心，例如：《極簡主義：記錄生命中的重要事物》（*Minimalism*）、《180° 以南》（*180° South*）、《不願面對的真相》（*An Inconvenient Truth*），甚至提及我自己的經驗：在 2014 年，製作一部《無中生有的發明》（*Inventing to Nowhere*）紀錄片。

　　突然間，我腦袋靈光一閃。掛電話後，我用 Google 搜尋「財務獨立紀錄片」，在 Reddit 社交新聞網站找到一絲線索，標題是「FIRE 相關紀錄片」。但是內容僅提到《極簡主義：記錄生命中的重要事物》影片，以及一部名為《慢動作生活》（*Slomo*）的短片，有關某位醫生離職去玩溜冰。我發現某些紀錄片處理類似主題，譬如居住小房子或退休危機等等，但沒有紀錄片是特別針對 FIRE 運動。

　　我著實大感意外。我知道錢鬍子先生已經觸動 2 千 3 百多萬多人的心。況且，截至本文為止，已有將近 40 萬名財務獨

立追尋者轉貼文章。這是一項日趨強大的運動，所以，為何沒有一部長片捕捉這類訊息？我立刻開始幻想，要執導製作一部FIRE紀錄片。畢竟，這項概念激動我心，而我絕大部分職涯都是有關影片製作。我想像著，我搭機飛往全國各地，訪談我讀過的文章作者，像是錢鬍子先生、財務獨立科學實踐者、節儉森林、薇琪・魯賓等。

然而，我明瞭這可能不切實際。這個紀錄片概念原本可能胎死腹中，幸好在幾週後，某天我與岳母珍（Jan）一起吃午餐。她是一位啟發人心的企業家，也是成功創業家。幾杯啤酒下肚後，我發現自己傾吐如何深覺被卡住了，以及我有多麼憎惡為別人工作。

她問我：「那為何接下那份職務？」

我回顧以前發生的事：由於合夥人離開，我的影視事業停擺，於是我受雇於一家創意廣告公司，得到穩定的薪資來源，泰勒與我必須仰賴這份薪水，不但是為了喬薇，也因為柯洛娜多島消費生活水準很高。不過，我開始領悟到，我有多麼把自己的身分認同維繫在「成為一名成功企業家」。無法成為這樣

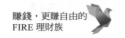

的角色，我一直在掙扎著記住「我是誰」。

那時，在聖地牙哥市區某間人潮擁擠的啤酒店裡，我的岳母坐在對面，我開始哭泣。我試圖忍住，不流下淚水，卻早已淚流滿面。

我跟她說：「我真的認為很不快樂。」我擁有所要的一切，有健康的小孩、美滿的婚姻，在日益成長的公司擔任高階職務，卻覺得被深深困住了。我不想坦白承認，我深感局面一團糟，而正是我的工作挽救了一切，但事實是我既悲苦又需要忠告。

珍把手伸過桌面，輕輕撫著我的手。她說：「把啤酒喝完。由我買單，我們出去散步一下吧！」

散步的時候，我向珍說了 FIRE 相關事情，以及我們如何努力改變生活方式，但每年開銷卻只是日益龐大，難以壓制。我跟她說，我多麼想回歸簡樸生活，壓力較小，也有更多時間陪伴家人。我提到我的夢想，要製作一部 FIRE 紀錄片，腦子不停想著這件事。

最後，她轉過身來，說：「史考特，這就是我不懂之處。如果你想離職製作影片，你還在等什麼？」

我知道自己在等什麼：一份許可。該是時候了，要向泰勒說我想離職。

決定旅居一整年，做自己真正想做的事

我向泰勒說出我與岳母的全部談話內容，她沒像我預料的那般大感意外。事實證明，她早就注意到我的行為有多麼消沉無力。她後來說，自從我閉門歇業，我的言行舉止總是愁眉不展。我自認小心翼翼不洩露祕密情緒，沒想到居然被人一眼看穿。她說，離職而自行接案工作，以便實現這部紀錄片，假如這樣可以讓我快樂，她完全支持這項決定。

接著我隨意提起某個不太認真考慮的想法：要是我辭職不幹，我們離開加州，環遊全國各地一年，如何？我可以一邊拍攝 FIRE 紀錄片，一邊探訪親友、借宿他們家中，因為我和我們雙方父母都能照料喬薇，就能省下大筆租金和托育費用，泰勒可採遠距方式繼續工作，在旅程途中，也可能找到較不昂貴

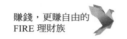
的城市定居，這個城市就如同我們對柯洛娜多那般喜愛。我說實在話，關於搬遷旅遊之事，泰勒並不那麼熱衷，但她同意考慮一下。

在 4 月底時，經過幾週的討論，泰勒與我騎腳踏車載著喬薇，前往柯洛娜多公立游泳池上「游泳課」，而所謂的游泳課，也只不過是抱著一歲半的小孩踩踩水花而已。那是個氣候宜人，充滿春天氣息的柯洛娜早晨。聞到陣陣海風吹來，我好欣賞多年來所住的城鎮，早已愛上此地。我在想，或許不要搬家比較好。我們可能必須工作更久才可達成 FIRE，但也許我會找到辦法，減少憂慮且享受這種氣候。值此之時，泰勒轉頭看著我，說：「我覺得已經準備好搬遷了。」

我差點跌落腳踏車。剛剛到底怎麼回事？泰勒解釋，她一直想著，有多麼喜愛與我和喬薇共乘腳踏車，花時間放鬆心情。假如搬離此地能給她更多自由時間，也能讓她早幾年脫離工作生涯，她同意加入此道。況且，她在任何地點都能工作，而我的職務卻讓我不快樂。她也明瞭，如果可以一邊環遊全國且一邊繼續工作，一路上，我們可以省下不少錢。正是這個同樣的頓悟，促使她決定擺脫 BMW。

　　回到家不久，按照預計的借宿親友家中或某段時間長期租屋，我算一下數字。假定泰勒繼續工作而且我自由接案賺錢，如果旅遊 12 個月，即能 1 年存下 50,000 美元！這比我們以往任何 5 年存下的錢還多！如此一來，就有足夠的買房自備款。

　　泰勒一同意「旅遊一整年」這個想法後，我們便快速按部就班規畫。我們坐下來，列清單排出優先順序，寫出在旅遊之後，我們可以在哪些夢幻城市安頓下來。

　　這樣的城市必須有：低成本或合理成本的生活水準、靠近大型機場、充分陽光普照（若是高度乾燥氣候更好）、人口數介於 10 萬與 25 萬之間，或是城市夠大，足以提供工作機會、文化和成長，但也要夠小，足以覺得與人緊密相連；要有良好學區，而且僅需半小時車程就能從事許多戶外活動。最後，由於泰勒工作性質，該城市必須位處密西西比州西方。經過幾番思量，我們縮減選項，清單僅剩以下地點：

- 俄勒岡州本德市（Bend, Oregon）
- 科羅拉多州柯林斯堡（Fort Collins, Colorado）
- 愛達荷州博伊西（Boise, Idaho）
- 華盛頓州斯波坎（Spokane, Washington）

　　接下來，我們必須與房東商量。為期兩年的租約僅剩 6 個月到期，所以如果不能提前解約，就必須重新考量我們的公路旅行。原本以為房東會很生氣，於是我們事先演練該說什麼話。然後我們邀請她來喝杯酒，將全盤計畫告訴她，事關 FIRE、這趟旅行和紀錄片，以及這看似是最聰明的方式，讓我們花更多時間陪伴女兒。我們承諾幫她找新房客，甚至給她租金補償（因為簽約時就有說過）。我們等她回答。她是否同意？或是告訴我們不可違約？

　　令人驚奇的是，她其實對 FIRE 更有興趣，而不是討論租約。問我們一堆問題後，她說：「請務必去做。別煩惱這間房子。」這彷彿天賜奇蹟。第一次（但非最後一次），我們見證 FIRE 背後意涵有多強大，拿回屬於自己的時間、與家人相處、尋找人生意義等，皆能引起共鳴，不論自身財務情勢是怎樣。

　　後來，即將就寢之時，泰勒環顧四周，說：「非得這樣做，對吧？」得到房東的祝福，整個決定不再遙不可及。FIRE 縈繞我心，使我們展開這條路，既然如此，我沒向泰勒坦承其實很害怕。我們一起飽嘗無數婚姻歷險，但從未像現在這樣。泰勒與我深愛聖地牙哥，在這裡建立人生，有親友和職業人脈，寶

寶在此地出生。更何況，萬一事情發展不佳怎辦？假如反而使我們更加悲慘，目的挫敗，又會怎樣？

最後一步是要決定出發日期。某方面而言，我迫不及待想要啟程，以免我們裹足不前。於是我建議 6 月 15 日，大約是 5 週後。泰勒覺得進展有點快，所以建議明年的 1 月 1 日，也就是 8 個月之後。我坦言：「我不確定能否等這麼久。枯坐乾等，實在很煩，而且每多一個月，離退休就更遠。既然決定要走，何不趁著尚未喪失衝勁之前，勇敢大膽一試？」我們決定彼此讓步，把正式啟程日期定在 2017 年 8 月 1 日。

▌史考特與泰勒的旅遊計畫 ▌

規畫一整年的旅行，內含探視親友、探索新城市、盡情享樂。休假 1 年時間，驅車環遊全國各地，真是千載難逢的機會。我們想盡其利用，同時認真考慮新家地點。某些行程沒有事先規劃，預留即興而為的空間。以下是我們原本的計畫內容：

- 2017 年 6 月初：拜訪華盛頓州斯波坎市的朋友。

- 8 月：離開聖地牙哥！開車前往西雅圖，與泰勒親人共處。在途中會去看看本德市。

- 9 月：在西雅圖暫住泰勒娘家，免租金。

- 10 月到 12 月：在愛荷華州暫住史考特父母的家，也免租金。

- 10 月：前往位於厄瓜多爾的肖托夸（Ecuador, Chautauqua），這是財務自由者的隱居之處。

- 12 月中旬：返回西雅圖，與泰勒父母共度耶誕節。

- 2018 年 1 月：在愛達荷州博伊西租屋 1 個月。

- 2 月：在俄勒岡州本德市租屋 1 個月。

- 3 月：在科羅拉多州柯林斯堡租屋 1 個月。

- 4 月到 6 月：在夏威夷代人照看房子。

- 7 月：在新城市買房，安頓新家。

花了幾週的時間，旅遊計畫終於拍板定案。但在 6 月初之前，我們所做的僅剩知會朋友，收拾房子。我們很快就明白，

對於「節儉度日，提早退休」這項概念，人人反應不同。我們
向大家宣布即將進行的事，大多數朋友都相當支持，但有些人
對 FIRE 觀念抱持懷疑態度。

　　想離開美麗的柯洛娜多島？有人認為我們瘋了。也有人表
示羨慕，因為我肯丟掉朝九晚五的飯碗，只為了追尋創意專
案。住在這麼貴的地方，同時還得努力儲蓄，關於此點，許多
朋友分享了自身遭遇到的挑戰。大家也紛紛提供親友名單，可
供我們在旅途中前往拜訪或留宿。當然，並非每個認識的人都
有興趣過著 FIRE 生活方式。可是，能夠獲得社群支持，感覺
真好。

　　上班時，我遞出辭呈，我的主管問我，是否願意在每週會
議裡向小組成員致辭？讓他們知道我要離職，以及原因為何。
當時心情七上八下，因為這是第一次，我必須站在一群人面
前，清楚說明我的這項專案，及其背後的 FIRE 原則。我想像
著，同事取笑我的專案，聽到我要離職而且舉家搬遷，就只為
了一個半生不熟的企畫，他們可能會大翻白眼。不過總體來
說，他們給予正向回饋。幾天後，某位同事甚至跟我說，她也
有過類似念頭，想離職展開自己的探險，也想看看節儉度日是

否能加速事情進展。

生活斷捨離，不再將房子塞滿無謂的東西

收拾房子，也提醒了我們另一件事：自從聽聞 FIRE 理想後，我們的生活斷捨離到何種境地。我們捐出或賣掉這麼多東西，那些都是前年買的。在車庫裡，我們找到全新物品，標籤都還沒剪掉呢！為什麼我們需要兩個梯子？居然買了 3 個不同的精緻紅酒開瓶器？有 8 個馬丁尼酒杯，可是從未用過！我們還為喬薇買了好多不必要的東西。所有的這些東西使我明瞭：**我再也不想當盲目消費者了。**

我希望我的時間金錢實質反映意義。我們收拾所有家當，租了間小倉庫來放。我訂的是最小的倉庫，大約是 40 公分×20 公分×20 公分，當作一種挑戰，確保已經縮減不少東西。然後，我們打包必需品，放進車內。只要某項物品無法放進吊艙或車內，就把它賣掉或送人。我向自己承諾：下一次定居新家時，我再也不會用無謂東西塞滿屋子。

隨著啟程日期愈來愈近，一想到要離開加州，我看得出來

泰勒變得愈來愈煩躁不安。我不斷向她保證，這是終生一次的探險，我們僅需享受美好時光，拜訪家人，同時查找新城市，然後就有錢買房。

近來火速發生的事，不僅包括舉家搬遷。紀錄片也迅速升溫，原因是我留了語音訊息給「選擇財務獨立」播客訪談的主持人拍檔，也就是強納森和布拉德。以下是我所錄下的內容：

「我想與您聯繫。其實我希望能耗費接下來一年左右的時間，製作一部有關 FIRE 及其社群的紀錄片，因為 FIRE 真正改變了我的人生。我相信這部片有力量轉變國內許多事，甚至影響全世界。」

實在有夠驚奇，在某集播客訪談裡，他們居然提及這部紀錄片專案。隔天，來自 FIRE 社群的電子郵件灌爆了我的信箱。眾人紛紛提出建議和點子，想分享自己的故事和訣竅。至於我打算要做的事，他們也表示備感激動。大家的反應出乎我的意料，使我衝勁滿滿，也有助於設法找到一名資助者，他跟我一樣，非常熱衷 FIRE。

該項資助讓我認真看待這部片的規畫。我必須設法找到製

片團隊、編列預算、寫出先後順序表，並且判定要說哪些「故事」。有必要訪談 FIRE 社群人士，也需有管道接觸這些人，而且與之合作。關於參與紀錄片拍攝，我得知有些人很興奮，但對其他人而言，簡直是惡夢一場。事情能否辦到，我樂見其成，但前方還有很長一段路要走。

最重要的是，在理論上，我們的計畫聽起來很酷。花一年時間開車旅行，塑造了名副其實的「終生一次」機會。但我們能否真正勝利完成？要如何才能同時兼具旅行、繼續工作、拍攝紀錄片、探尋新家園、儲蓄金錢？要怎樣一邊不斷搬遷，一邊養育照顧兩歲大的小孩？將例行常規、朋友和舒適感拋諸腦後，在超過十年後首次與父母同住，我們要如何應對？我滿懷希望，抱持樂觀態度，但我很擔心，萬一整個點子到頭來變成一場災難，泰勒可能會怪我。她當然可以怪我，因為正是我一聽到 FIRE 就想大力推行。假如一切四分五裂，我得負起責任。

在聖地牙哥的最後一夜，我們主辦了一場海邊營火聚會，向朋友道別。那晚也是紀錄片的初次拍攝之夜，所以我跑上跑下，努力完成行李收拾、拿取木柴，還必須提前到場，面見拍攝團隊，幫助他們各就各位。一開始面對鏡頭，我覺得極其局

促不安。我拍片已經超過十年之久，但以前主要是站在製作視角，而現在基本上我是在訪談自己和其他人，同時努力表現得非常自然，拍到原本預定的畫面。我們是否掩飾罪惡感、悲傷、恐懼？是否感覺牽強？我的朋友是否覺得怪異？儘管如此，不久之後，隨著討論開始流動，伴隨攝影機和組員的腳步，我的憂慮漸漸隱沒在背景裡。

拍片收工後，我坐下來喝啤酒，環顧我們在加州認識的這些了不起的人。來到柯洛娜多之前，泰勒與我從未在某地居住這麼久。我們在這裡結婚生子，建立事業。我看著海浪拍打海灘，腦袋想著所有共度的周末，在水域搭船出航、衝浪、游泳等等。我們能否找到宛如此處美景的地方？世界上還有哪個城市，能夠比得上這裡？突然間，一切彷彿勢不可擋，既真實又倉促。我無法自抑，心情混雜了悲傷、興奮和恐懼。

明天一早，我們就要離開，不是奔向新的職涯或類似生活，而是為了截然不同的境況。對於這種境況，我無法言喻。我所知道的只是：在柯洛娜多過生活，不論有多麼美妙，都不是我註定要過的人生。所以，我們投身於不可知的未來，希望所到之處都能找到居所、社群與新方向。但現在無法回頭

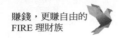
了。畢竟代價太過高昂。我們簡直是在「玩火」（playing with FIRE），無庸置疑。

▎泰勒的視角：離開柯洛娜多島▎

離開柯洛娜多島，是我做過最艱難的事。我一直假定我們可以在此養大喬薇，甚至就地養老。那是我的家！所以，最後一次駕車離去之時，簡直心碎無比。在開車途中，我長達兩天默然無語，一直想著柯洛娜多島那些了不起的朋友，而離開此地有多麼痛苦。

每次只要史考特與我做出重大改變，我總是憂心將來後悔。離開雷諾市的時候，我擔心無法喜歡聖地牙哥。搬離小公寓後，我煩惱將會懷念一起擠在小公寓的日子。而每一次，到頭來我都很慶幸做出改變。最後一次開車行駛柯洛娜多大橋之時，我這樣告訴自己。無論何事等著我們，一定更加令人驚嘆。

第 7 章

仔細思考，
為什麼你要財務自由？

　　泰勒吐露言語：「這個地方真是人間樂土。」那時，我們正好中途行經鏡子湖（Mirror Pond）周邊小路，該處位於奧勒岡州本德市區德雷克公園（Drake Park）的中央。美麗的黃松樹朝著四面八方伸往蔚藍天際。四周幾近寂靜，僅能聽到樹枝上的鳥叫聲。清風吹過樹梢，鄰近有孩童嬉戲。積雪的山頂就在道路盡頭。

　　在此刻，我們一路前往本德市，沿途經過聖路易斯 - 奧比斯波（San Luis Obispo）、希爾茲堡（Healdsburg）、阿克塔（Arcata）、克拉馬斯瀑布（Klamath Falls）。從渾然天成的南加州沙漠地貌，一路轉進北加州的驚豔美景。不久之後，經過奧勒岡州幽密茂盛的森林。現在，我們的旅途剩最後衝刺了，不遠之處即可抵達泰勒的家鄉──西雅圖。在我們所列的潛在新家園名單上，本德市是第一站。

　　泰勒說：「這裡宛如不同星球……是真實人間嗎？」的確是人間沒錯，也是財務獨立生活風格的完美星球。本德市最符合我們的標準：近處有山有水，綿延數里的林間小道，世界級的西式毛鉤釣魚（fly-fishing），甚至有浪可衝……在河流衝浪！舒適的三房屋子僅需要價大約 35 萬美元。學區評價頗高。機

場有飛機直達七大主要都市。隨便丟一塊小石頭，都可能打中資源回收桶或太陽能板。汽車保險桿貼紙強烈要求大家「來到本德，友善環境」。

微小改變，也可造就最大差異

以前，泰勒與我考慮居住地點之時，是根據就業機會與我們的「天堂願景」，要有熱帶氣候、棕櫚樹、白色沙灘等。現在我們領悟到，自己多麼把柯洛娜多島視為理所當然，以及我們的假定有多麼虛幻。真相是：**為了幸福快樂，微小改變也可造就最大差異**。比如說，居住地點與雜貨店僅有幾步之遙；有必要出門時，可以騎腳踏車；住在友善人群的社區裡，大家守望相助。我透過 FIRE 的眼光來看待本德市，感覺很合適：有自行車道，省下開車費用？大型後院可供玩耍？便宜的汽車保險？就近露營？沒有營業稅？免費的音樂表演、慶典，每週末都有農民市集？這些事物不但深深影響我們的儲蓄金額，也攸關幸福快樂。

那時候，某些朋友說他們的祖父母住在本德市，將於 1 月

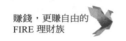

到 3 月出門旅行，很樂意讓我們暫住他們祖父母美麗的家，租金低到不可思議，但前提為我們要承諾住滿 3 個月。根據我們的旅遊時間表，這意味著必須取消 1 月的博伊西參觀計畫，也無法在 3 月去柯林斯堡了。我們是否至少應該查看一下這些城鎮？經過討論，我們決定：博伊西離泰勒娘家太遠了，而柯林斯堡離機場太遠。

泰勒提醒我，一旦無意間愛上某地，我們原本就打算彈性進行旅遊計畫。我們只是沒料到首站造訪城市即是最愛！我們預計回到此地，正式試住本德市 3 個月。隨後，我們繼續先去西雅圖。

不被工作與金錢綁住後，才開始真正過生活

若你覺得自己已犯下此生最大錯誤，請做以下事情：決心要完全改變人生，說服妻子削減一半開銷費用，捨棄她的夢幻愛車，自己辭職不幹，千里迢迢舉家搬遷，與岳父母同住。

我們開著車，離西雅圖愈來愈近，本德市的光輝逐漸消褪。我滿腦子想著，要如何向泰勒父母解釋我們的計畫。他們

可能會說服自己女兒，說她嫁錯人了。當然，正是岳母珍鼓勵我辭職追尋紀錄片拍攝，但我依然擔心，對於我們不因循守舊的新生活，其他親戚有何反應？他們是否以此評判自己的生活方式選擇？是否跟我們一樣，對 FIRE 感到非常激動？

儘管我憂心忡忡，我們抵達後，受到岳父蓋瑞（Gary）和岳母珍熱切歡迎。我們忙著搬東西，一團混亂，期待這項重大生活改變。能夠在一個家安頓下來，感覺十分驚喜，即使這並非自己的家。就算泰勒父母覺得我們失心瘋，他們也絕口不提。在接下來一週內，我們花時間放鬆自己、了解這裡最新狀況，並且花時間陪伴喬薇。

在這趟旅行起初幾週裡，我覺得，好幾月以來第一次有機會輕鬆一下，甚至好幾年沒麼輕鬆過了。以前在職時，一旦休假 7 天，就覺得有必要時時刻刻擠出最後每一滴樂趣出來，但現在不是這樣，我明白現在的生活將是我的新常軌。我不急著重返職場。這樣的自由也給了我機會，花更多時間思考我的紀錄片。我以前曾經製作一部紀錄片，我知道該花多少時間、金錢和規畫。雖然我有資助者，而且影片依然進行中，我有瘋狂大量工作待做。

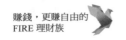
　　在西雅圖的某一夜，我們打算與泰勒的童年密友共進晚餐，他們是珍妮（Jennie）和她先生尼克（Nick）。我們等不及要向他們談論 FIRE。比起我們，他們與錢財的關係一向成熟穩健。他們辛苦勤儉持家，規畫未來，以此當作良好後援。

　　以前，就算我們曾經一起在週末旅行，他們總是透過「該事是否在預算內？」來篩選，據此做出財務決定；當時我們認為他們「很小氣」。現在風水輪流轉了，我們居然編列預算！竟然變得節儉！泰勒開玩笑說：「從他們身上，我們可以學到不少。對於以前的財務態度和他們的作法，現在我們有機會承認自己實在錯了，要竭盡全力節儉才對。」

　　晚餐後，尼克談起財務話題，詢問：「跟我們說說 FIRE 的事吧！」

　　泰勒與我向他們概述 FIRE，以及為何認為 FIRE 對我們合情合理。聽到泰勒向別人推廣 FIRE，這是我那一晚的重點。自從決定搬遷以來，我不禁煩惱她是為了我才這樣做，或許在她心底深處，她並不想參與這種生活方式改變？聽到妻子充分欣然信奉這些原則，甚至還解釋 FIRE 背後的數學計算，我的疑

慮頓時緩解。

珍妮以她一貫的保留態度，問：「目前有什麼計畫？」但我看得出來，她對這項概念並不買帳。

我們向他們說出自己的偉大探險，而我提到，若要削減開銷，關鍵點在於運用「地理套利」，概念是遷徙他處，以求利用其他地方的較低生活成本。就我們而言，我們先與泰勒父母同住幾個月，再與我的父母同住愛荷華州幾個月，然後，按照我們的修訂版計畫，便宜住在本德市幾個月，看看該處是否真的適合當作我們的新家園。

尼克說：「地理套利？看似牽涉到免費與父母同住。這樣怎麼算是財務獨立？」我感覺到自己開始起了防衛心，退一步說話。我們並非利用別人慷慨而占便宜，不是完全這樣。與父母同住，也可給喬薇稀罕的多餘時間，與祖父母共享天倫之樂。再加上，4 個月免租金不是要讓我們財務獨立。這只是有機會存下一些額外金錢，然後再遷居某處，該處費用要比柯洛娜多島便宜，而且我們會在那裡建立新的 FIRE 友善生活方式。

珍妮問：「一旦不必工作，那你們到底要做什麼事？我不

清楚。這些 FIRE 人士是誰？聽起來有點像異端教派。」

　　我們猶如被潑了一桶冷水。在所有朋友之中，我們以為珍妮和尼克最能理解，甚至認為他們可能加入我們行列！但顯然他們不信任 FIRE 願景及其目標。最後，我們只好轉移話題，但那一晚接下來的時間裡，空氣中瀰漫著緊張氣氛。開車回家時，泰勒說覺得自己全然像個白癡，再也不想對任何人提起 FIRE。我同意她的說法：對我們而言，為何 FIRE 這麼合情合理，但是對我們人生其他大多數人而言，卻非如此？

▎「地理套利」定義 ▎

　　「地理套利」是由提摩西・費里斯廣為流傳的術語，意指：善加利用地理環境來降低開支。在生活中，大多數人都有用到「地理套利」，不論自己是否察覺。舉幾個簡單例子：有人可能搬到便宜鄉鎮地區，享有更大間的房子；選擇到墨西哥度假，而非夏威夷，因為前者的海灘之旅較為便宜。「地理套利」的其他形式包括：前往泰國接受牙科手術，因為手術費只需 6,000 美

元，比美國便宜；或者，住在賓西法尼亞州鄉村地區，同時為紐約市的某間公司遠距工作，賺取紐約市等級的薪水；或是搬到那些無須繳納州立所得稅的州，譬如華盛頓州或佛羅里達州，或是沒有營業稅的州，譬如俄勒岡州或蒙大拿州，利用這些優勢來儲蓄。換句話說，「地理套利」純粹是指：針對相同的產品與服務，在不同地點利用不同的成本優勢。

被鉅額負債困住的千禧世代，最適合 FIRE

隔天早上，我收到卡倫（Kalen）寄來的電子郵件。她在「選擇財務自主」播客訪談聽到我的紀錄片企畫。在過去一年，她和男友充分致力於 FIRE 生活：賣掉車子、大力擴展退休帳戶金額、存下 65％的收入（請見本章末尾的「FIRE 故事」）。她說：「領悟到我不必工作到 65 歲才退休，這有多麼改變了我的人生，筆墨難以形容。我把『追尋財務自由之路』視為一種方式，以此連結生命中的重要事物。這肯定也是某類『千禧世代憂鬱症』（millennial depression）的療癒之方。」

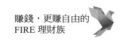

沒錯，我也這樣認為。這就是我們熱衷此道之因！這就是整個重點所在！至於「某類千禧世代憂鬱症」的說法，我知道她到底意指什麼。千禧世代被困住了！

巨額就學貸款看似令人難以承受，工作前景搖搖欲墜，整個星球快要分崩離析；政客猛烈砲轟，呼籲社會安全保險金民營化、停發退休金等等。我向泰勒朗讀這篇電子郵件，我們領悟到，或許我們只該找同道人士，找那些與我們一路前行的人，沿路彼此加油打氣。

不過，我們學到教訓了。若有人對 FIRE 生活方式一知半解，我們要小心翼翼與之交涉。我們也納悶：有人出現負面反應，是否因為自覺遭到批判？是否以為我們看不起他們，只因他們有豪宅名車？泰勒說：「我們當然不會！幾個月前，我們也是這樣的人！」此外，並非人人喜歡以退休為目標。就像我一樣，**許多人把自己的身分認同緊緊繫在自身職位之上，無法想像失去職務的人生會是怎樣。**

不論原因是什麼，我們決定：在未來，要小心謹慎，別到處向人大肆吹捧我們熱衷此道。起頭分享之前，我們要靜候觀

察，了解對方是否感興趣。顯然，這項話題比我們預期的還要敏感。

在整年的 FIRE 旅程裡，停駐西雅圖之時，發生了兩件最精采的事。第一件最精采的事來自一封電子郵件，發信人是崔維斯‧莎士比亞（Travis Shakespeare），他是英國廣播公司商業分支公司（BBC Worldwide）資深副總裁，從「選擇財務獨立」播客訪談聽到我的事。他是 FIRE 信徒，定居洛杉磯，但是下一週出差將會經過西雅圖。他要求與我見面，喝啤酒小聚，談談我的專案。我立即覺得緊張。這是指什麼？BBC 對我的紀錄片有興趣？他們是否已經開始著手某事？若要找出原因，就得見他一面。

我們在一家中式茶飲餐館見面，很快就建立良好關係，分享我們對於美食的熱愛，以及我們在製片方面的經歷。崔維斯受人愛戴，有好奇心而且親切友好。雖然見面才一小時，卻覺得猶如認識多年的老友了。最後，崔維斯切入正題：好幾年來，他一直打算製作一部 FIRE 紀錄片；他在播客訪談聽到我的事，覺得有點懊惱，自己怎麼不快點推動這個點子。但經過思考後，他終於明白為何自己沒有採取行動：他沒有特定的故

事內容，也沒有可以助威的「主人翁」。

現在，他覺得泰勒與我的探索之旅將是完美的連貫敘事，帶領觀眾踏上旅途，自然而然介紹哪些專家和影響者協助創建 FIRE 社群。然而，他看出我的計畫有問題：我無法有效同時身兼導演與主角。簡而言之，他想要執導我的影片。

我一時語塞。對我而言，這等於實現夢想，不過也是我最大的恐懼。有了他這般等級資歷和業界人脈的導演，意指這部片可有更大機會發揮影響力。他想與我合作進行這部片，事實證明此舉是對的。但假如他要執導我的影片，也就意味著我要放棄我對專案的創意控制權。更重要的是，這項合夥關係必須嚴肅以待，但我才剛認識這傢伙不久。要是結果顯示他失心瘋，而我與他一起被困住了，又會怎樣？或者，關於此片，我跟他的想法完全分歧，又會怎樣？

我跟他說我有意願，但須考慮一下。開車回去泰勒娘家途中，我停下來打電話給她，只是不斷說著「哇靠！真的假的？超神的！」一切發生得這麼快，超乎我的想像。

隔天，我打電話給崔維斯，說我很榮幸與他共事。畢竟，

有了崔維斯擔任《賺錢，更賺自由的 FIRE 理財族》的導演，這個機會看似無法讓人拒絕。這像是出於信仰而大膽一試，但我知道，我認真看待這部片，也想完成使命散播 FIRE 概念給其他人，如果是這樣，崔維斯有這般願景實現一切。我必須把自尊放在一旁，為該項專案做出正確之事。

崔維斯與我商討合夥細節，其中包括要從 BBC 取得書面許可。我的合作夥伴包括來自波特蘭市（Portland）的影視製作團隊，名稱是「就在當下」（Only Today）。雷（Ray）、齊比（Zippy）和「就在當下」其他成員都是我的舊友，一起共事非常愉快。他們贏得不少艾美獎黃金時段獎項，以前我們還曾合夥製作幾項專案。「就在當下」團隊會處理片場所有技術事務，包括製片、勘景、主體拍攝、收音、數位影像技術（DIT）（或處理已經捕捉到的影像）等等。我有信心，他們將以最高等級執行這項製作，而同樣重要的是，他們對 FIRE 真的深感興趣，認為該片有潛力改眾人生活。

想實現財務自由前，先想清楚自己要的是什麼至於旅途中第二個最精采的事，則是有機會一見薇琪‧魯賓。雖然《跟錢好好相處》是在 1992 年首次出版，在 FIRE 社群裡，仍舊被視

為最具影響力的關鍵核心書籍之一。基本上，只要提到薇琪，我深表崇拜。這位女士過著我們追尋的新生活方式，已經超過30年之久，她比任何人清楚其中樂趣和隱患。我知道她住在太平洋西北地區，在我們繼續下一趟行程前的幾週，我發了一封電子郵件給她，懇請她是否有意願為我的 FIRE 紀錄片接受訪談。

當我們仍在西雅圖的時候，我收到回信了。薇琪住在附近的惠德比島（Whidbey Island）。讓我大感高興的是，她答應了！還邀我搭乘渡船去見她。我等不及趕快打包車內行囊了。經過進一步確認後，泰勒與我都是共度未來的正式夥伴，泰勒說，沒道理要讓我自行去見薇琪，泰勒也會去。我開玩笑的說，早遠之前，她漠視我瘋傳的 FIRE 文章連結，但現在這些事對我意義深遠。

泰勒與我連同紀錄片團隊搭乘渡輪，出發點是西雅圖北方的馬克爾蒂奧轉運站（Mukilteo Terminal），沿途跨越普吉特海灣（Puget Sound），地平線遠處可以看到奧林匹克山脈（Olympic Mountains），然後一路前往惠德比島。薇琪大約70歲左右，神采奕奕又充滿自信，眼神如鷹眼般銳利，臉上堆滿

笑容。薇琪真的非常友善，相處起來極為愉快，就像我們沿路遇到的許多人一樣。

吃午餐時，紀錄片團隊不停運作，拍下薇琪告訴我的故事，說她如何悖離傳統路徑，轉而追尋完全未知的人生。她說：「我犧牲了常規生活、常規薪酬和常規關係，以求離經叛道的迴異宿命。大學畢業後，我就明瞭，完成學業、功成名就、擔任公司總裁或其他諸如此類事務等，整個歷程是如此空虛。我甚至不知道怎麼煮開水！我不清楚如何度過人生。我對人生沒有準備就緒，卻準備把自己變成一個眼界非常狹隘的人，只想步步高升、鴻圖大展，想用足夠的錢請別人幫我度過餘生。」

薇琪反其道而行。就在大學畢業後，薇琪繼承了一小筆遺產，把錢投資於加拿大債券，將所的報酬轉成終生的被動收入。她用這些錢環遊世界，曾經住過公車車廂、搭建圓頂帳篷，在威斯康辛州偏僻森林地帶撐過寒冬。最後，開始與合作夥伴喬‧杜明桂（Joe Dominguez）教人利用一套財務架構，而這本書後來變成國際暢銷書《跟錢好好相處》。

該書首次出版後一週，薇琪出現在《歐普拉‧溫弗瑞秀》

（*The Oprah Winfrey Show*），推廣這本書。歐普拉告訴觀眾：
「這本書十分精采，可以真正翻轉你的人生。」隔天，該書登上
《紐約時報》暢銷書榜，也盤據《商業周刊》暢銷書排行榜長
達 5 年。她最近發行更新版，同樣倍受推崇。

薇琪的故事讓泰勒與我大為讚嘆，提醒了我們當初為何展
開旅程，也有助於平撫心中浮現的憂慮。人生驟變，並非易
事，我還時常忘記一年前尚未聽聞 FIRE 呢！不過現在，我身
處華盛頓州某個小島，享用午餐，談話對象是財務自由之路的
革命家，而她在許多方面掀起巨變。

正當我們準備離去，泰勒詢問薇琪能否提出忠告。畢竟，
她曾經看過數百人走在 FIRE 道路上。我們應該注意哪些隱患？
薇琪細思這個問題，然後回答：「我的忠告是，要仔細想想你
的人生真正想做何事，想清楚什麼事很重要，然後在這些狀況
裡自我實習。**財務自由之路猶如通往懸崖，若還學不會怎麼飛
就已行至懸崖邊緣，千萬不要跳下去。**」

在回程的渡船上，泰勒與我討論薇琪意指何事。我們是否
知道自己人生真正想做什麼事？我們都覺得自己知道，現在卻

掙扎著要怎樣清楚表達出來。我曾假定將會自行開創某類事業，但這是我真正想要的嗎？繼續工作下去？況且，假設我已經有足夠金錢，投入這麼多時間到事業點子裡，意義何在？

泰勒也有類似感受，薇琪幫助她領悟到：她的目標並非「在家陪伴喬薇」這麼簡單而已。或許幾年之內覺得十分愉快，可是一旦喬薇全天候上學，又會怎樣？我們如此專注於迅速達成 FIRE，沒有多花時間思考「一個不具常規職務的人生會是怎樣」。我們彼此協定，一旦在新家安頓下來，將開始努力細思人生真正想做何事。唯有如此，才不會到頭來站在自作自受的懸崖邊緣，嚇到不敢跳入下一場冒險。

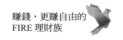

FIRE 實例 ③
為生活而工作的千禧世代，最適合 FIRE

- FIRE 理財族：科羅拉多州埃文斯市的卡倫（Kalen）
- 財務獨立前的職業：地方政府管理分析師
- 目前年齡：26
- 預計的財務獨立年紀：32
- 目前的年度總花費：32,000 美元

FIRE 對我的意義是？

發現自己不必工作到 65 歲才退休，這改變了我的人生。我把「追尋財務獨立」視為工具，連結重要之事，為這個時常沉重壓迫的困惑世界帶來一絲曙光。對我來說，「財務獨立」概念療癒了我的千禧世代憂鬱症。千禧世代憂鬱症是用來形容一種心情；自從出社會以來，面對「真實世界」，我發現自己陷入這般心境：展望未來，我要花數十年時間為五斗米折腰，一直想著，人生就是這樣？

我的 FIRE 之路

我的男友名叫「凱爾」（Kyle）。凱爾母親提及錢鬍子先生和吉姆·柯林斯（JL Collins）的事，向我們介紹 FIRE 概念。

多年來，她經常隨意瀏覽這些部落格，認為他們或許開創了良好契機，因此，我對投資開始產生濃厚興趣。

凱爾早就習慣騎腳踏車出門，也非常節儉，但是尚未透過投資充分擴大自己的錢財。而我比較像是任意消費的人。我向凱爾描述我渴望流浪，很想收拾行囊，搬到新城市，不想被「緊緊繫在」特定職務和地點；說這些話時，是我的轉捩點。他是現實主義者，我是理想主義者。於是他質疑我：「錢從哪裡來？」聽起來簡單，但這是我初次領悟到：金錢同等於自由與可能性。

一旦發現網路上的 FIRE 社群，我們的生活方式急遽改變。我們開始追蹤開支、注重儲蓄，並且提繳款項到稅務優惠帳戶。也賣掉了兩輛卡車，把那筆錢投入應稅投資裡。盡量簡化，僅留一輛豐田冠美麗（Toyota Camry）。此外，我們還交易了一台不必要的車，享受每日步行通勤的樂趣。

賣車、盡量擴大退休金存款等等，都是重大決定，一開始令人懼怕，但我們絕不回頭。我們與金錢的關係已經完全改變。任意消費，發現自己受到堆積如山的無謂實物壓迫，與其如此，倒不如**把金錢視為一種工具，資助我們的長期目標**。我們很務實，容許自己因時制宜而改變目標。轉變模式，改為有意識的消費，一旦體驗此道，就再也回不去了。

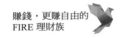
概略說明

 ✓ 2016 年，我們開始追蹤開支、進行投資、盡量擴大個
   人退休帳戶（IRA）和 401k 帳戶的金額等等。

 ✓ 我們目前平均存下 65％的收入。

 ✓ 我們住在凱爾的房子，是他在 2010 年購買的。

最難的事

　　展開這段旅程之時，我們各自的年收入不到 50,000 美元，
這有點嚇人，因為 FIRE 社群很多人是高收入一族。倘若收入
中等或更低，某些傳統建議就不適用了。然而，我們不因此氣
餒。一旦開始儲蓄和投資，我們就能明瞭自己多麼富有，這全
都與生活方式有關。若有興趣達到財務自由，**不要因為薪資而
望之卻步，要盡己所能儲蓄更多金錢。**

最棒的事

　　我們有意識地翻轉人生，這是最正面的事。一旦我們覺
醒，發現功成名就的外在表徵（譬如職業、汽車、房子等）對
我們根本不重要，一個充滿可能性的全新世界於焉開展。突然
間，時間看似更加珍貴，我們以更嚴謹的態度來花時間。與其
購買無意義的物品與稍縱即逝的體驗，我們反而試圖以簡單便

宜的樂趣來填滿時間，譬如散步、閱讀、與寵物同樂、與親友相處等。

給各位的建議

別讓生活方式過度膨脹。盡量存下更多錢。重新定義自己的成功意義。

第 8 章

簡單致富之路——
正確投資以錢滾錢

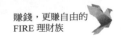

　　我們與薇琪會面後，便意識到我們無法單靠自己來達成FIRE 與改變人生。我們需要別人協助，這些人不是正處於達成過程中，就是已經達到財務獨立。這需要情感支持，也需切實可行的建議。雖然很想與我們的「非 FIRE」朋友找到平衡點，但總覺得遭遇阻力和緊張關係。若與 FIRE 人士相談，則是備感興奮又深受激勵。

　　幸運的是，愈來愈多好運即將出現。九月時我們仍在西雅圖，我決定寫一封電子郵件給彼特·阿登尼本人，也就是錢鬍子先生。他最近宣稱，要在家鄉科羅拉多州朗蒙特（Longmont, Colorado）開設一個「共用工作空間」（co-working Space）。我想把彼特拍入這部記錄片裡，而他新空間的盛大開幕將是理想事件，也是會見彼特的完美機會，同時能認識其他錢鬍子派人士。為求誘因，我提議為這個盛大開幕製作一段宣傳預告短片，讓彼特放在自己的網站上。他同意了，於是我與製片團隊搭機飛往科羅拉多州，去見我的新英雄，正是他在無意間永遠改變了我家的人生進程。

　　在途中，我思考著該說什麼訪談內容。是否應該告訴彼特，因為在播客放談聽到他的話，幾個月後我就辭去工作？這

是否不尋常？我會喜歡他嗎？是否有話可聊？我是否僅是另一個粉絲，瘋狂著迷想見偶像？喔，這可不是我……可是我卻好像如此？

那個地方稱為「錢鬍子先生世界總部」（Mr. Money Mustache World Headquarters），位處市中心一座不起眼的建築內，旁邊有一家當舖，另一邊則是迷人的香皂陶藝用品店。抵達該處後，根據我的觀察，建築物一片空蕩蕩，只有一個手握螺絲起子的男人站在梯子上。我進入後，他向我點頭示意。我含糊地說要找彼特。大家是否叫他彼特？或者我該稱他錢鬍子先生？

突然間，彼特從角落探出頭來。

他說：「嗨！你一定是史考特。」

我向他介紹我自己和團隊成員。覺得自己就像一個 10 歲小孩，身處科米斯基球場（Comiskey Park），並在暖場時刻，看到白襪隊大廳的重砲手法蘭克・湯瑪斯（Frank Thomas）。幾番閒聊後，他指著角落的掃帚，問我是否能夠幫忙打掃。然後他開始忙著掛住一個小桶子。

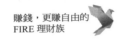
　　我以前參加過一些盛大開幕儀式，看到「大牌」名人，但這個開幕儀式並非如此。現場沒有裝闊的架勢或精湛講稿，沒有經理人、助手或專案團隊。彼特顯然不想努力讓我欽佩他或把我當成粉絲，也不將我視為追星一族。他僅是彼特，一個年約 40 歲的人，自己動手做護壁板，安裝按壓式飲料機，倒出當地茶水與朋友分享。我在想：哇！這就是我要找的轉型人生靈感聖地嗎？我是否預期錢鬍子派人士應該是別的樣子？我到底在期待什麼？

　　接下來的幾小時，我幫忙彼特清掃後院、擦洗椅子，為他自己親手組裝的定製書櫃抹去灰塵。彼特親手新製的按壓式飲料機有當地的左撇子酒廠（Left Hand Brewing Company）皮爾森美味啤酒，我甚至自己按壓來喝。室內原本空蕩蕩，後來擠滿人群，製片團隊拍攝了整個過程。錢鬍子派的各類人士擠滿了這個輕裝潢且手工打造的工作空間。這場開幕儀式，也是一場自帶美食的聚餐會，所以大家進門時，一手拿著腳踏車安全帽，另一手則拿著砂鍋菜。談話聲此起彼落，話題圍繞在如何親手安裝太陽能板、收益財產背後的數學計算、特斯拉電動車（Tesla Model 3）、老舊冬季外套的最佳修補方式等。過不久，

我先前的焦慮逐漸消失。這些人真了不起！

我花幾個月沉浸在「錢鬍子派傳說」裡，理應不會覺得驚訝，但我真的很驚訝！他們每個人都以「刻意而為」的方式著手處理自己的人生，我好愛這一點。關於想要如何花時間、哪種房子讓自己感到最快樂、自己的價值觀如何配合消費、何事對他們人生最重要等，每個人都經過一番長久細思。這群人真的很快樂、親切又樂觀。

彼特名符其實堅守低調作風理念。當晚活動開始之時，彼特沒有發表長篇演說或請眾人舉杯慶祝。他只是拿了一個杯子，裝滿啤酒，開始與人交談。同樣的，當晚活動結束之際，也沒有盛大的閉幕詞聲明或宣言。我甚至不太確定是否已經遊歷該處。隨著夜色漸深，大家只是拿起自己的腳踏車安全帽和空空如也的鍋具，出門離去。

接下來幾個月，我仍續向彼特多多學習：他做到自己想要的事；至於他不想做的事，再怎麼勸說、壓迫或甜言蜜語哄騙他，都完全沒用，不論是否事關接受訪談以進行高調發表，或是事關花費 30 美元吃神戶牛肉。那一晚，他某位朋友這樣說：

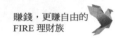

「前方是否有十幾萬美元交易等著他，對彼特而言都不重要。
但如果他兒子想去水上樂園，他就會帶兒子去玩。」

隔天，我搭機飛回西雅圖，對 FIRE 有了新的熱情，並且
打從心底微笑，知道科羅拉多州某處建物內，充滿了一群人，
如此敞開心胸，親切歡迎我這樣的新手加入他們的社群。

指數型基金，就是簡單致富之路

在 10 月，我們離開泰勒娘家，搭機飛往愛荷華州，放下
喬薇，由我的父母暫時照料她。然後，泰勒與我再次搭機飛往
厄瓜多爾，前往財務自由人士隱居之處，該地有一些最創新知
名的個人金融界聰明人。

我們預訂這趟旅行，本來是想為紀錄片拍攝訪談畫面。遺
憾的是，活動策畫人認為，若安排製片團隊前往隱居處，可能
太過侵擾了，所以我們只好取消這項計畫。然而，這趟旅行是
絕佳方式，可以見到更多 FIRE 社群人士，也可享受國際旅遊。
我也期待花一些時間與泰勒共處，不受工作干擾。這一個月以
來，她的工作忙到不可開交，而我瘋狂四處奔走，盡力同時應

付我的自由接案工作與這部紀錄片。

2013 年，吉姆‧柯林斯創立「jlcollinsnh.com」網站。在財務獨立社群裡，他以了不起的股票系列文章和著作《簡單致富之路》（*The Simple Path to Wealth*）而聞名。現在，在厄瓜多爾、英國和希臘等地，都曾舉辦「財務獨立會議」（FI Chautauqua）。柯林斯的願景是：聚集某些財務獨立社群領袖，並且邀請讀者和聽眾組成小團體，前往享受一週的探險之旅，彼此對談有關人生、自由、幸福快樂和投資方面的話題。隨行的與會人士來自四面八方，包括任職於 Google 網站的錢鬍子派人士、某位寫出自身 FIRE 歷程的護士部落客及其丈夫、另一對來自聖地牙哥的夫妻，以及遠從杜拜而來的智利人，族繁不及備載。

看到身邊有這麼多 FIRE 人物，感覺非常夢幻。正是這些 FIRE 人士影響了我與泰勒，大力扭轉我們的人生。影響我們的人包括彼特、寶拉‧潘特〔Paula Pant，熱門部落格暨播客訪談「一切負擔得起」（Afford Anything）背後的智囊人物〕、查德‧卡爾森卡森〔Chad Carson，一位成功的不動產投資者，於「卡爾森卡森教練」（Coach Carson）撰寫部落格發文〕，以及

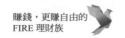

布藍登・甘奇〔Brandon Ganch，「財務獨立科學實踐者」（Mad Fientist）部落客暨播客訪談主持人〕。然而在厄瓜多爾，我們仿效的關鍵人物是吉姆・柯林斯。

尚未聽聞 FIRE 之時，我一直很怕投資。我總是看到父母小心處理金錢，絕不冒險。我也有樣學樣，對他們的作法深信不疑。多年來，我告訴自己，我只是沒有足夠時間學習如何投資「正確之道」，所以我的最佳賭注就是完全避開投資。我把 10％的收入存入退休帳戶，每年檢查餘額，然後就忘掉了。然而，縱使我不確實明白「股票」與「債券」之間差異，我說服自己，或許我比其他大多數友人更懂這些。過些時候，我告訴自己正在投資──投資到我的事業裡。既然有自己的資產淨值可供建構了，又何需股市？

此時此刻，在我們為期一年的 FIRE 之旅裡，泰勒與我的一堆帳戶總計有 216,000 美元。我們的現金存款是 54,000 美元（活期存款戶頭）。最近，我們投資了 23,000 美元到美國先鋒集團（Vanguard）的某個應稅經紀商帳戶（taxable brokerage account）裡。我們有 6 個不同（延後課稅的）退休帳戶，總計 139,000 美元，這是泰勒與我多年累積的數目。為何我們選擇

特定基金？不知道。對於如何投資，我們都毫無頭緒。

直到在厄瓜多爾與柯林斯會面後，一切都改變了。許多 FIRE 影響力人士各有專長，以此聞名。錢鬍子先生擅長低成本生活，財務獨立科學實踐者（Mad Fientist）善於稅務優化；至於投資和股票方面的建議，吉姆・柯林斯是 FIRE 社群必找之人。在吉姆・柯林斯的部落格「簡單致富之路」裡，他有一個「股票系列」，目前內含三十多篇貼文，將他針對投資和個人財務方面的建議濃縮成精華。他的著作《簡單致富之路》也可找到這些文章。吉姆・柯林斯的寫作風格非常平易近人又幽默詼諧，使投資操作變得淺顯易懂。他有數十年的經歷和研究，淬煉而成這本著作。

依照吉姆・柯林斯之見，我不須要耗費時間研究投資組合和股票、核查股市、試圖預測未來、瞭解箇中意涵。他的簡單致富之道就只是：**開支不能超過所得，且將餘額投資到指數基金裡。**

如果你跟我是同類人物，只要有人提及「指數基金投資」相關事情，你故意點點頭，然後轉移話題，講起自己能懂的某

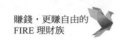
件事，因為你覺得太過尷尬，不敢問這個問題：「指數基金投資是什麼？」。我在研究 FIRE 之時，至少有四位人士分別向我推薦「指數基金」，其中包括「財務獨立會議」期間的財務獨立科學實踐者布藍登・甘奇。而每一次，我都靜默無語，不願坦承所知甚淺。吉姆・柯林斯改正了我的想法。

FIRE 認可的投資操作基礎知識

1. 指數基金令人驚嘆

指數基金容許你投資股市，毋需購買個股，也不須試圖瞭解股市操作或「跑贏大盤」。指數基金運用電腦演算法，整籃大量收購那些可以模擬和呈現股市全盤狀況的股票。縱觀歷史，長期平均而言，股市每年整體漲幅將近 10%。由於指數基金可以反映股市狀況，最有可能經歷類似的正面可預測結果。

股市指數基金是低成本的，也是 FIRE 祕笈的中心要素。在主流的 FIRE 部落格空間裡，指數基金廣為普世接受，也是最受歡迎的投資選擇。據說，股神華倫・巴菲特（Warren Buffett）可說是指數基金的頭號粉絲。他是世界其中一家最大

型公司「美國伯克希爾哈撒韋公司」（Berkshire Hathaway）董事長暨首席執行長。巴菲特通常名列全球富豪榜前 3 名。許多人視他為「全球最佳投資人」。

他神采奕奕、簡樸隨意、腳踏實地，受到眾人愛戴。儘管他監管的企業有將近 30 萬名員工，他的辦公室只有 25 名員工。他自己沒用電腦，住在自己所買的第一間房子（於 1958 年以 50,000 美元購入），時常吃麥當勞當早餐。他自己也指出，除了有個人專機之外，自己的其他生活方式就跟一般美國中上階層差不多。

數十年來，華倫・巴菲特始終口徑一致，向一般投資人推薦低成本的股票指數基金（stock index fund）。最近有人問他，假設他可以重新來過，他會如何投資自己的第一筆百萬美元。巴菲特笑了一下，說：「我會全部投入某個跟循標普五百（S&P 500）的低成本指數基金，然後回去工作。」

2014 年，東尼・羅賓斯（Tony Robbins）所著的《金錢遊戲爭霸：七個步驟達到財務自主》（Money: Master the Game）成為暢銷書。東尼描述他如何試圖訪談巴菲特，但總是一貫遭

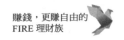
拒。巴菲特告訴他：「東尼，我很樂意幫助你，但針對這個話題，恐怕我早已道盡一切，該說的都說了。」不過，東尼堅持不懈：「對於您的家人，您會建議何種投資組合，以保障並壯大自己的投資？」巴菲特微笑，抓著東尼的手臂，說：「很簡單，跟著指數走就對了。投資美國大型傑出企業，毋需支付共同基金管理人的手續費，並且堅守這些公司，長期下來就能戰勝。」

▎想要開始投資的第一步 ▎

　　如果你之前就已經開立投資帳戶，可能知道步驟很簡單。但如果沒有這類經驗，或像我一樣，認為開戶過程可能會讓人有點心生畏懼，因此拖延投資。或許你尚未準備好要投資，但是開立帳戶仍是重要的初始步驟。相關訊息可洽詢各大銀行證券公司和投資平台。

2. 避免透過財務經理人（或準備付錢給對方）

事實證明，就統計學而言，試圖跑贏大盤績效，並不管用。僅有 15％ 的專業人士成功設法跑贏大盤。你聘請的人是否就是這 15％ 的其中之一？可能性有多大？其實並不高。

由於指數基金不需要建構滿滿的投資組合經理人、分析師和交易員，不須日日夜夜勤奮工作，並企圖跑贏大盤。指數基金非常便宜：VTSAX[*]是 FIRE 最愛的先鋒指數基金；在本書即將付梓之際，該項基金的操作費用比率（expense ratio）僅有 0.04％。相較之下，典型的人為管理共同基金每年通常索取 1％ 到 2％。

在過去，我都沒警覺到這些共同基金的成本費用。花錢請人幫我管理錢財，1％ 或 2％ 的費用看似完全合理的金額。後

---

[*] 先鋒整體股市指數基金海軍上將股（Vanguard Total Stock Market Index Fund Admiral Shares, VTSAX），這檔指數基金可以呈現美國股市整體狀況，類似台灣的元大台灣加權股價指數基金。VTSAX 最低投資額是 10,000 美元。在台灣若想投資美股，開立美國券商即可開始投資。在台灣投資 VTSAX，最低投資額為 3,000 美元。

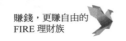

來，我聽到「選擇財務獨立」（ChooseFI）播客訪談的布萊德·巴瑞特（Brad Barrett）詳細說明某項計算。他解釋：如果一開始的投資額是 100,000 美元，且把這筆錢投資於低成本的指數基金，時間長達 40 年，而操作費用比率是 0.05％且預期報酬率（expected return）是 8％，最後將會拿回 213 萬美元。在相同的假定情境裡，若請財務經理人代為投資同樣一筆金額，且操作費用比率大約是 1％，到頭來，只會拿回 140 萬美元。只為了聘請某人代為處理，就損失了 63 萬美元，而對方所做的事與低成本指數基金能做的事其實相差無幾。

所以，為何不是每個人都投資指數基金？我不知道。或許別人就如同泰勒與我，僅是提繳金額到 401k 退休福利計畫裡或雇請某人代為投資，認為這樣就是正確之道，根本不明瞭其實是在拿石頭砸自己的腳。吉姆·柯林斯告訴我們，沒有人比你自己更佳懂得管理你的錢財。

▍不想自行管理投資？▍

　　起初，泰勒與我並不確定是否想要管理自己的投資帳戶。尤其是當我們同時都有工作，還得盡量花時間努力陪伴喬薇；若由自己身兼投資顧問，反而似乎沒有善用時間。我最常聽到的是「我想投資，但我無法行有餘力，也沒興趣自行處理」。

　　切記，最重要的是「萬事起頭難」，請務必察覺自己的選項。可找你目前的銀行一起合作，或雇請僅收服務費的顧問，可能是最簡單的作法、最容易取得的管道，以此起頭，倒也不錯。只要自己知道這需要花費多少錢，而且是根據自己生活方式價值觀刻意做出選擇，即是處於「刻意投資操作」（intentional investing）正確之路。

3. 複利是最神奇的事物

　　如同指數基金，我以前對複利（Compound Interest）僅有基本瞭解。直到我與吉姆・柯林斯交談，我只是跟著點點頭，沒有充分意識到這對我銀行帳戶有何意義。「複利」基本上意

指「利上加利」。或者，換句話說，**只要不花掉投資額所賺的
任何利息，反而把這些利息添加到原始投資額裡，即可達到複
利**。因此，假如你投資 10 萬美元，而報酬率是 10％，一年後，
這筆錢會賺到 10,000 美元利息。如果再把這些利息添加到原始
投資額裡，金額就變成 11 萬美元。隔年，這筆 11 萬美元賺進
10％利息，也就會多 11,000 美元；總計來算，你就有 121,000
美元。以下是幾十年來的歷程：

投資 年期	100,000 美元的初始投資額 加上 10％利息後的價值 （單利計算）	100,000 美元的初始投資額 加上 10％利息後的價值 （複利計算）
1	110,000 美元	110,000 美元
3	130,000 美元	133,100 美元
5	150,000 美元	161,051 美元
10	200,000 美元	259,374 美元
20	300,000 美元	672,749 美元

　　這個概念是「以錢滾錢」，運用所賺得的錢再次滾錢，以
此類推，無限循環，而幾十年後的差額將呈指數倍率增長。

只要有所覺察且刻意而為，機會永遠存在

與吉姆・柯林斯談話後，泰勒與我在這個隱居地的中央花園散步。我們討論截至目前為止，我們人生所受的理財教育。泰勒從她父親那裡學會投資，她父親逐漸灌輸「對債務要戒慎恐懼」這項觀念，教她「投入之後就別在意」的投資作法。這是不錯的建議！在我的原生家庭裡，我們根本就不討論投資操作。我知道雙親的投資是由我母親掌管，僅此而已。泰勒與我都被告誡：「千萬別堆積信用卡債，要投資自己的 401k 退休福利計畫，然後萬事俱足。」我們完全照做。最後結果是：我們的 401k 計畫已投入的金額極少，對於投資項目的處理也很被動，還錯失了十多年富有意義的財務成長。

現在該怎麼辦？

我難以做出抉擇。有一部分的我認為應該放棄買房念頭，僅把我們的 50,000 美元立即投入指數基金。另一部分的我明白，假如把錢拿來投資創業、增加錢財，我會較為快樂。

泰勒則說，某部分的她對 FIRE 旅程頗感掙扎，因為感受到所有負面事務，譬如放棄自己的愛車、與家人同住、在家用

餐等，卻感受不到正面事務，像是較高的淨值、更多現金等。
這些都是看得到卻實際上拿不到的錢。

我們暫時決定，三方處置我們的投資組合：投資額的 33％
是指數基金，33％是不動產，而有 33％用於我們自己的創業。
結果，在接下來幾個月裡，我們重新考慮這項對談和決定，反
覆超過十幾次，彼此商討，且也與他人商討。

我們發現，FIRE 之路有許多人會持續重新評估自己的金錢
投資方式。布藍登‧甘奇告訴我們，他是住屋擁有者，經歷過
負面體驗後，他現在的主要投資項目是指數基金。寶拉‧潘特
（Paula Pant）有絕大部分淨值是在不動產，則是大談有多麼自
在，因為她對不動產知之甚詳。在惠德比島與薇琪‧魯賓談話
之時，她提及透過當地微型貸款，使用自身財富為他人創造更
多財富，同時還能賺進收入。這使我大為驚嘆，也不斷讚嘆：
只要投資人有所覺察且刻意而為，永遠都有機會存在。

▌換泰勒來說：談談投資操作 ▌

　　這趟旅程出發之前，我用五根手指頭，就能算出我提到投資的次數。我的腦袋不會閃過「投資」念頭。只要我換新工作，我會加入 401k 退休福利計畫，隨機挑選一檔基金，然後再也不去想。領悟到我大多數人生鮮少與人談論投資操作，這點讓我大感驚訝。我不知道親友如何處置投資項目。我甚至沒有想過自己錯失了極好事物。現在，只要對方想聽，我就會大談投資操作！尤其是我身為女人，要教會自己懂得理財，我認為這一點很重要。我希望我的女兒覺得有權作主，掌管自己的財務。

　　接下來，我們想要學習不動產投資。在當今的財務獨立會議，其中某位講者是查德・卡森（Chad Carson），他是來自南卡羅來納州的不動產投資人，於「卡森教練」（Coach Carson）部落格撰寫貼文。我們在厄瓜多爾待了一整週，不斷與他展開精采對談，提及他的不動產、他的人生哲學，也分享了我們對運動的熱愛。他很樂意回答我們的問題：不動產投資是否為聰

明之舉？安全嗎？

　　查德分享了自己的不動產故事。在大學時代，他便開始挨家挨戶，努力詢問是否有屋主想賣房子，願意接受折價以快速換取現金？然後，他再轉手交由真正的不動產投資者來進行交易，而他從中賺取一些利潤。最後，他賺到足夠的錢，買下自己的投資房產。現在，他和妻子在南卡羅來納州家鄉擁有超過90 棟房產，而他最近決定搬到厄瓜多爾居住一年，以便自己的幼女能夠說出一口流利的西班牙文。

　　我問他成功祕訣是什麼，他立即回答：「省吃儉用、堅持不懈、求知若渴」。他的生活開銷總是遠低於所賺收入，多年來，他只開一台老舊的豐田汽車，樂此不疲，即使他的收入已經遠超過六位數，而且每年成交的不動產超過 50 件。這種節儉作風幫他度過 2008 年金融海嘯；每當突然出現某筆絕佳交易，總是能夠儲蓄現金。

　　聽他說起自己的車子，使我再度想到自己的馬自達汽車，多年來，我一直在想是否該折衷讓步這台車。現在，這台車看似是奢侈品，養車花了不少珍貴資源，難有多餘資金可用。有

了這些投資機會，一旦我們有多餘的錢，自己可以感覺到，我已經對於汽車的遮陽篷頂、導航系統和真皮座椅已日漸失去興趣。

多年來，我遇過許多大膽高明的創業家。這些人無懼恢弘信念，願意冒險一搏，求得一絲機會，建構某種事物，帶來世界性的改變。我一向喜歡處於這樣的能量和願景裡。所以，我覺得與查德之間有深度連結，也就不讓人意外了。我很欽佩他，覺得十分瞭解他。他跟我一樣，不願屈居他人之下而為五斗米折腰。做自己想做的事，這才是王道。

但是，在所有這些創業家之中，有人是受到 FIRE 驅使，有人則不是，我注意到兩者之間的驚人差異：**受到 FIRE 驅使的人，正在通往（或是已經找到）財務自由之路，而節儉作風正是他們的超級威力。**他們無懼承擔風險，因為自己有高額存款率且務實理財，以此嚴格限制自己所下的賭注。我終於明白，為何 FIRE 深深吸引我。我希望創業和創意專案帶來正面影響力，且償付帳單也無須感到壓力。倘若我不須擔憂盈利問題，我能創造出什麼？我不知道答案，但光是這樣的問題就讓我備感興奮。

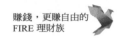

堅持到底且繼續學習，就能達成 FIRE

在財務獨立會議的整週裡，某個煩擾不休的念頭徘徊不去：雖然我經歷「翻轉人生」的體驗，但我學到的每件事，其實從網路上就能免費取得。我真的有必要親臨現場嗎？

離開美國前往該地之前，泰勒與我都面臨親友這樣反應：為何要花數千美元，前往國外某處隱居之地，學習「如何不花錢」？這似乎不是節儉行為。你們是加入某種教派嗎？我必須承認，這些提問很有道理，我無法充分回答。一個處於 FIRE之路的人，為何要花這種錢去學更多 FIRE 道理？再者，籌辦單位的議事日程是什麼？鼓勵大家花這種錢，是否導致大家偏離 FIRE 之道和財務自由的人生？

這個隱居之處的所有教師免費分享自身專門知識，他們多年來也在網站分享經驗；搭機降落到厄瓜多爾之前，我早已讀過他們所寫的大多數題材。親身一見這些人，有什麼差別嗎？何不套用這些建議，把現金省下來，繼續達成 FIRE ？

到了會議尾聲之時，我開始意識到「親臨現場」的重要性。儘管讀了所有文章，我仍未充分消化 FIRE 概念。現在看

來，這套概念遠比實際上還要複雜難懂。若無借助這項會議面對面的指導力量，我不確定是否能夠真正領悟此道。在會議裡，有許多專家針對我們的特定狀況進行詳談。我不僅瞭解「開支不能超過所得，且將餘額進行投資」這項模式的簡單道理，也還明白如何將其運用到自己的實際生活。不過，我們終於明瞭，我們打從一開始就做了「正確之事」。**只要能堅持到底且繼續學習，我們就能達成 FIRE。**

認識同道中人，事實證明至關緊要。FIRE 大多有關儲蓄金錢和財務自由，雖然如此，FIRE 也事關平靜度日、沉澱省思和自我掌控的人生，而我所見到的專家們體現了這個道理。認識寶拉・潘特，是最令人難忘的一刻。

寶拉的 FIRE 之旅非常引人入勝：她原本在科羅拉多州博爾德市擔任報社記者，後來環遊世界，於亞特蘭大市買房置產，開始寫部落格，聲勢如日中天。她的座右銘是「一切負擔得起，但毋需事事負擔」（You can afford anything, just not everything）。就個人而言，與她相處，她是我見過最沉著專注的人之一。她的聲音低沉，並不多話。但只要她一開口，立刻引起全場注意。某天下午，在厄瓜多爾首都基多（Quito）某個

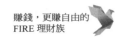

架空纜車（gondola lift）裡，她與我並肩而坐，我說我有懼高症。其實我不必多做解釋，因為我緊緊抓著纜車邊緣，開始呼吸急促。

寶拉說：「我知道自己無法控制萬事萬物，反而有助於減緩焦慮或恐懼。一旦坦然接受自己沒有掌控權，我覺得好多了。」

坦白說，光是聽她說出這番言語，我就覺得好多了，但是這種感性情緒猶如當頭棒喝。一名理財權威暨不動產投資人坦然接受自己的無能為力？她僅是盡己所能，以最佳境況達成自己的目標。至於自己無法掌控之事，她冷靜沉著應對。天啊！這群FIRE專家不僅散播理財之道而已，也向我們顯示何謂「刻意人生」（intentional living）。他們以身作則，而泰勒與我得以親眼目睹，我們的信念體系產生巨大衝擊。

在過去，砸下 5,000 美元去度假，泰勒與我一點也不覺得不安。事實上，搭機返回愛荷華州途中，我們說以前的度假收穫都沒這次來的多。我們之前去過紐西蘭，在山邊玩高空滑索；去聖托馬斯島，躺在沙灘上曬太陽等。我們盡情享樂、興奮刺激，但從未像這次那樣，體驗到更深層的意義、目的和聯

繫。我們一致同意：在財務獨立會議這段期間，我們遇到了整個人生中最發人深省、觸動內心又其樂無窮的某些對談。

我們也取笑彼此，因為該項會議超乎我們預料之外。原本以為現場有真正的「財務會議」，有董事會、螢光燈照明、簡報說明等。我還帶了筆記型電腦和紙筆，但全都留在房內，沒派上用場。我也以為，每項談話一定有關投資策略和錢財，但情形並非總是如此。如我先前所述，顯然這些人討論投資、淨值、存款利率，以及不同的縮減開銷策略。但更常見到的是，大家把焦點放在彼此的聯繫、幸福快樂和社群支持。泰勒與我好愛這次會議。

離開厄瓜多爾的 FIRE 社群，實在令人不捨。這是一處可以從天南聊到地北的世界，話題涵蓋天氣、政治、真人實境節目、自己銀行帳戶餘額等等，完全稀鬆平常。不過，要是有人說想要貸款買車，或是把年終獎金拿來買新電視，可能會被眾人取笑。我發現，與人分享我們的淨值、理財大局全貌、近期的策略等，覺得相當自由暢快，不可思議。我大力推薦這項會議。由於自己有簡單且激動人心的提早退休計畫，因此想與眾人分享，而且對方不是平日所見的聊天對象，這些緣故更讓我

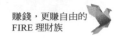

樂在其中。

　　泰勒與我領悟到：要往前邁進，必須建構自己的世界，一個可以節儉生活之處，也能與親友保持密切聯繫，縱使對方選擇過著不同人生。對於我們來說，FIRE 無關批判別人的財務選擇或優先順序。FIRE **僅是一種方式，指導我們做出自己的決定和優先順序且加以判斷，因而更能考慮周到，主宰自己的人生**。離開厄瓜多爾後，我們的決心比以往更加堅定，要設計出一種生活方式，不但適合我們，也符合我們新的感受能力和價值觀。在這樣的生活方式裡，我們可以把焦點放在小孩身上，而她目前在愛荷華州與我父母共處，等著我們回去。正是她提醒了我們：莫忘這趟探險的初衷。

第 9 章

堅守 FIRE 理財的
基本公式

　　回到愛荷華州才幾週，隨即有另一項機會出現。我們在厄瓜多爾「財務獨立會議」見到 FIRE 部落客，其中有許多人將參加「FinCon」媒體會議，這是全球其中一項最大的個人理財媒體會議。與會人士包括一千多位部落客、作家、演說家、播客訪談主持人、個人理財專家。那一年的「FinCon」媒體會議是在達拉斯（Dallas）舉行。如果能帶製片團隊到那裡，就有一群人可供紀錄片訪談，而且一切合乎預算。

　　於是，我們向喬薇說再見，再次啟程。先前去過科羅拉多州、厄瓜多爾，現在去達拉斯，所有這些旅行都很重要。但是不停旅行卻有點身心俱疲。以前在柯洛娜多島時，在週六早晨，我們會放鬆心情，喝著咖啡，與女兒坐在門廊上；我懷念這樣的日子。

　　除了許多張熟面孔之外，FinCon 與厄瓜多爾的財務獨立會議截然不同。FinCon 是典型的大型會議，舉行地點是特大間的會議中心。第一天，我與「選擇財務獨立」播客訪談共同主持人布萊德和強納森一起踏上會議廳地板。我看到一群粉絲相繼前來找他們，說這個播客訪談如何翻轉人生。活動策畫人菲力普・泰勒（Philip Taylor）跟我說：「FIRE 鐵定是今年度最熱門

的話題，盛況空前。」情況顯然如此，而我很榮幸能夠成為其中一份子。

幾週前在厄瓜多爾，我才剛見過寶拉‧潘特，現在她也出席了，我與她小聊一番，然後她準備為活動發表專題演講。她的主題是什麼？她說別管聽眾想要什麼，只要真誠發聲即可，因為正是這樣的真誠終究令人難忘。我也有同感。並非所有認識之人都以為我的紀錄片是好主意。關於我應該或不應該如何呈現 FIRE，大多數人強烈表達意見。但我終究必須進行理所當為之事。

我個人覺得最精采的 FinCon 內容是一場圓桌會議，成員包括某些最具影響力的 FIRE 代言人：「1,500 天通往自由」（1500 Days to Freedom）網站的卡爾‧詹森（Carl Jensen）、《千禧財富》（*Millennial Money*）的葛蘭‧薩巴提爾（Grant Sabatier）、「節儉森林」（Frugalwoods）網站的麗姿‧先姆斯（Liz Thames）、「人生下半場」（Our Next Life）網站的坦賈‧赫斯特（Tanja Hester）、「財務獨立科學實踐者」（Mad Fientist）網站的布藍登‧甘奇（Brandon Ganch）、「逐漸致富」（Get Rich Slowly）網站的 JD 羅斯（J. D. Roth）。

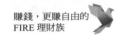
　　一開始，大家先談他們在 FIRE 之路如何蹣跚而行。卡爾跟我一樣，他說他發現「錢鬍子先生」部落格，立即翻轉了他的人生。坦賈發現一本名為《如何提早退休》（*How to Retire Early*）的書，利用該書當作藍圖。大家一致同意：若要精通 FIRE，不一定非得數學很好才行。數學計算不難，改變生活方式才難。

　　基於此點，這群人談及「優渥境況」（privilege）。談論某種生活方式選擇，而這個方式卻讓這麼多人覺得遙不可及，這樣有何意義？麗姿指出：許多關卡影響整體系統，使許多人甚至就連 FIRE 也想都不敢想。她說：「如果一個人沒有學會理財素養，直到晚年才學，或從未學過，我真不能理解這樣的人該怎麼達成此道。」這群「理財迷」如此哲學性地談論這項運動的中心要旨，實在了不起。我肅然起敬，非常感激能夠成為社群裡的一份子，還能夠透過紀錄片，擴散這些對話。

　　在達拉斯，我們還受到其他恩惠，有機會花更多時間與布藍登談話。早在厄瓜多爾的時候，我們其實已經很熟了。在 FinCon 訪談後，泰勒與我邀請他，到我們在愛彼迎的旅宿地點喝杯咖啡。在稅法、退休儲蓄金和投資策略等方面，布藍登發

表了某些最新研究。泰勒與我希望他能看看我們混雜一堆的數字，幫我們想出更全面性的 FIRE 達成計畫。

削減開銷之基本準則

布藍登是「財務獨立科學實踐者」，一開始就強調 FIRE 概念有多麼簡單。他說不要過度牽掛細節，這點很重要。細節雖然是必需之物，但主要事項是要堅守這個基本公式：「少花錢、多存錢，投資差額」。至於最佳的開銷縮減方式？要把焦點放在大額項目，譬如汽車和房子等。

1. 少花錢、多存錢

布藍登說，有時候，大家都把 FIRE 的「儲蓄」與「投資」這兩項要素搞混了。「投資」是（或可能是）令人感到壓迫感，而有時候大家偏離了實際重要之事，也就是到底存下多少錢。只要開始儲蓄，就會有進步。但是 FIRE 的關鍵在於：以大幅度或加速比例的方式來儲蓄。比起以特定方法將存款拿來投資，要盡量盡速存下最多錢，反而更為至關緊要。布藍登闡

明，假設泰勒與我能存下所賺收入的 50％到 70％，除了堅持把錢留在存款帳戶之外，不做其他任何事，則萬事俱足，最後勢必達成 FIRE。他不是說我們不該投資，他是在說「存錢才是主要焦點」。

布藍登仔細察看我們一整年的旅遊預算，發現我們做的相當好。我們規畫的預算是每月 4,200 元；比起我們以前在科洛娜多島的開銷，這已經縮減了 55％，極其驚人。不過，他認為我們還有方法可以存下更多錢。然後，假如在新城市裡，我們能夠維持這樣的預算，保持相同的收入水準，就能毫不費力，達到 50％到 60％的儲蓄率。

此外，泰勒與我最近已存下不少錢。我們以大約 20,000 美元現金展開旅行，而過去三個月以來，我們已經儲蓄這麼多錢，現在手上還有 54,000 美元現金。布藍登無意間注意到，這筆錢足以涵蓋一整年旅行的花費；把 54,000 美元除以 12 個月，一個月是 4,500 美元。這個數字比我們的預算還多。

顯然，我們不會增加開銷，但這個簡單的頓悟，使我突然心頭一震。我們可以「戒掉」工作長達 12 個月，以所剩的錢支

付我們的開銷。相較於過去的「為五斗米折腰」生活方式,這
簡直是天方夜譚!我們最近存下的錢,比以前所存的錢還多,
這一點即是最大「證明點」,佐證我們已從 FIRE 實驗獲益。長
大後,我人生初次感到一抹獨特的自由感,輕輕吹拂我身旁,
至今仍揮之不去。

2. 投資差額

然後,布藍登討論為什麼「投資」很重要。基本上,FIRE
關鍵之道在於,**讓錢為你工作,而不是必須工作求得錢財**。把
錢靜置在銀行帳戶裡,實際上是在損失價值。為什麼?由於通
貨膨脹是以較高速率增長,高於大多數銀行帳戶所付的利息。
如果同樣金額的錢是用來投資股市,就可以增進價值。

舉個例子,在我們的情況裡,布藍登指出我們保留太多現
金了。擁有 54,000 美元,可能感覺很棒,但我們的活期存款戶
頭(checking account)所賺利息不到 0.1%。布藍登說,我們應
該取出已經累積的部分現金,轉而進行投資,賺取 5%到 10%
的利息收益。

啊！這真是 FIRE 心態的高低起伏啊！萬歲！我們有滿滿的現金了！不對，通膨會使錢失去價值！所以手腳要快，明智投資。

我們不想把既存現金用來投資，原因有三方面：1. 我們對股票戒慎恐懼，因為股票看起來這麼貴，而且，在 2017 年，當時股市是史無前例強勁持久的多頭市場（Bull Market，俗稱「牛市」）；2. 為了買房，我們正在存自備款；3. 我們有意想買房產出租給人。

布藍登解釋，不用浪費時間煩惱股票的風險和價格。縱觀歷史來看，股市隨著時間過去而呈現漲勢，所以可買股票，長期持股。至於根據短期漲跌買賣股票，或意圖進行市場擇時（time the market），都是理應避免的投資錯誤。

我問：「市場擇時有什麼問題嗎？」

布藍登說：「最後會輸。」他說共有兩種選項。我們可以隨機挑選一天，一次投資全部金額，或者把金額分成較小塊，以定期間隔來投資（比方說，每月進行）。就統計學而言，第一個選項較有可能賺得更多；第二個選項稱之為「定期定額法」

（Dollar Cost Averaging, DCA，又名「懶人理財術」），可讓我們這樣的投資新手覺得較為自在。既然是這樣，我們決定只要準備好，將以 3,000 美元進行投資。由於這個金額未達 VTSAX 的 10,000 美元最低限額，我們將把錢投入 VTSMX（先鋒整體股市指數基金，Vanguard Total Stock Market Index Fund），這是一檔類似的基金，僅需 3,000 美元的最低限額。如果你的投資額不到 3,000 美元，可以查找「先鋒整體市場指數股票型基金」（美股代碼：VTI），這是另一檔 FIRE 實證的基金，沒有任何最低首次投資額（minimum initial investment）。*

▌「定期定額法」定義 ▌

　　「定期定額法」是一種投資技巧，指按照固定時間表，由銀行扣款固定金額，投資所選擇的金融商品，而不管股價如何。隨著時間推移，運用長期平均法降低股價漲跌成本，將金錢的損失

---

* 台灣目前有些銀行推出定期定額輕鬆投資，每個最低門檻只需 1,000 元新台幣即可。

風險降至最低。許多人贊同這項策略，但也引發不少反對聲浪。不過，泰勒與我發現，這項策略有助於克服我們一開始的抗拒感，因而願意把存款投入股市。在接下來的一年，我們打算增額投資，多加 3,000 美元。一旦達到 10,000 美元這項指標，先鋒基金將自動把我們的投資額滾入 VTSAX。

「打算買房」也是儲備大量現金的良好必要理由，布藍登也確實同意這點。他還說，買房子租人也是一種方式，創造另一種收入來源，也是良好投資方法。

▌提早取用退休帳戶資金 ▌

自從展開 FIRE 旅程，有個問題不斷困擾我：如果要到 59 歲半才能取用款項，何苦把這麼多錢投入退休帳戶裡？在達拉斯，布藍登也回答了我這項問題。布藍登曾經廣泛研究這件事，所以我們問對人了。他解釋，這些計畫有稅收利益，除此之外，還有各式技巧，可以在屆齡退休之前取用這筆錢，且毋需支付

罰金。

其中一項最為廣泛運用的技巧是「羅斯轉換階梯」（Roth conversion ladder），可藉此把 401k 或其他延後課稅（tax-deferred）的退休帳戶款項滾入某個 IRA（Individual Retirement Account，個人退休金帳戶），然後把錢提領出來，不須繳稅。其他技巧包括「72 法則」〔Rule 72(t)〕，這是國家稅務局（IRS）規定的限額，容許你在屆齡退休之前，從自己的退休基金提領固定金額的款項，不須支付標準的 10% 提前提領違約金（仍需支付這些退休基金的稅費，只是不須支付違約金而已）。

依照台灣勞工局規定，勞工退休金請領條件如下：

1. 勞工年滿 60 歲，工作年資滿 15 年以上者，得選擇請領月退休金或一次退休金。

2. 工作年資以有實際提繳退休金之月數計算，年資中斷者，其前後提繳年資合併計算。勞工全額移入結清舊制工作年資之退休金者，併計新制、舊制工作年資滿 15 年以上。

3. 年齡以戶籍之記載為準，自出生之日起實足計算。

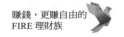

3. 注重行車居家預算

在短暫相處期間，布藍登大聲說出我們居然還在租用車子，他是指我那台 2016 年的馬自達汽車。唯恐他以為我只不過是另一種輕率消費者，我向他說明，我所協商的交易有多麼屬害：每月只需支付 250 美元（為期 3 年），然後我就有資格，以僅僅 12,300 美元買車（或者，一旦租約到期，以不超過13,000 美元的預估價值買車）。真是低價！

但是布藍登不覺得大感欽佩。他建議我們想辦法立刻中止該項租賃，即使這得花費幾千美元代價。然後，他要我們以5,000 美元左右的現金買車。

這又是另一個例子，顯示了傳統「良好」用錢方法與 FIRE生活方式度日之間的龐大鴻溝。那項車子的租賃使我特別引以為傲，就連我的親友也都認定我這筆交易很讚，除了布藍登以外。

一旦我買入那台車，我的車不但不值 13,000 美元，而且，起先 3 年每月支付 250 美元，我根本就是在買一輛全新的車，只不過延後支付車款而已。車子是會折舊的資產，而我的車一

天天失去價值。總結來說，到頭來我支付了超過 20,000 美元買車，而這輛車日漸喪失價值，直到它「見底」了，僅剩三分之一或四分之一的原始價值為止。若要以 FIRE 生活方式過活，你會想要每分錢都為你工作，而按照定義，日漸折舊的資產會隨著時間過去而失去價值或金錢。折舊的資產是什麼？所有昂貴物品幾乎都是，譬如鑽石珠寶、遊艇、電子產品，當然也包括汽車。

我問：「可是，既然要開車，不是就得付出折舊代價嗎？我是說，我們需要一輛交通工具，才有辦法四處遊走？」

布藍登解釋，車子不一定非得成為折舊資產不可，或者至少這樣的折舊可以不必那麼嚴重！他說，買車的「最佳出擊點」差不多是在 5,000 美元左右。只要達到某一個折舊點，一輛二手車的價值損失率就會日漸減緩。可用這樣的價格，買一輛安全可靠的二手車，里程數在 16 萬公里以下。況且，假如不常開車，這輛四輪的工程科技奇跡物足以帶你前往各處，至少還能撐個十年。

泰勒懇求：「如果買一輛 10,000 美元的車，可以嗎？」我

知道她在想著以前那台 BMW 的柔軟真皮座椅。

布藍登不為所動：「鎖定 5,000 美元就好。」

最後，泰勒與我跟布藍登一起討論，租屋與買房之間的利弊。這牽涉到的不僅是選擇最便宜物件就好。在本德市，我們預計以每月 2,000 美元左右，租下一間三房的屋子，而若是要買房，三房屋子的預算大約是 40 萬美元。為了判定何者較為經濟實惠，我們必須精算數字，因為各地市場不同，房貸、利率、房屋價值等等也隨之不同。比方說，在科洛娜多島，租屋是我們僅能施行的選項，因為我們負擔不起買下百萬美元的三房屋子。在本德市，我們可以僥倖脫險。

紐約時報提供了一個免費的「買房 vs. 租屋」計算器，布藍登以此幫我們找出答案。根據計算器結果，假設我們能以 1,517 美元以下價格租房子，那麼，租房子將較為經濟實惠，而非以 30 年貸款買下房價 400,000 美元的屋子。然而，如果本德市的租金至少每月 2,000 美元（也就是我們預計的數目），那麼，以 40 萬美元買下相同規模的屋子，則是較佳決定。

布藍登強調，我們還需考量我們的生活方式與長程計畫。

如果鐵了心要買一間永遠長住的家，想在該處養老死去，那麼就該買房，只要房價數目合乎自己的預算。但如果痛恨維修保養，或是預期在不遠的將來可能搬遷，租房子則較為合宜，不論所算數字結果是什麼。

泰勒與我一致同意，我們想要有自己的家。這是其中一項原因，為何打從一開始要離開科洛娜多島。所以，我們決定保留這筆 54,000 美元現金，一旦找到安身之所，即有餘裕可以支付頭期款。布藍登同意我們的決定，但也提出警告，萬一我們改變買房心意，我們應該把某些現金拿去投資。**若只把錢安放在銀行帳戶，每分每秒都是在流失機會，無法讓我們在股市裡賺錢。**

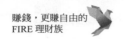
FIRE 實例 ④
歷經浩劫、背負債務，也能財務自主

- FIRE 理財族：華盛頓州西雅圖市的希薇亞（Sylvia）
- 財務獨立前的職業：出庭辯護律師
- 目前年齡：38
- 財務獨立年紀：32
- 目前的年度總花費：20,000 美元

FIRE 對我的意義是？

2005 年，我從紐奧良（New Orleans）某間法學院畢業，隨即在律師事務所找到工作機會。某天，卡崔娜颶風警報發布，我只帶了換洗衣物和我的狗，沒有其他物品。我原本要任職的事務所，該處建築物徹底損毀；事務所跟我說，接下來六個月，他們暫時無法雇用我。

一週後，多虧有了全市範圍的法令，房東跟我說，如果我想解除租約，我有三天時間可以搬出公寓。於是，我把車子能載得下的物品都裝進車內，而把其他東西都丟了。卡崔娜颶風向我顯示，實質物品有多麼不重要，而自己所擁有的一切隨時都可能消失。

我的 FIRE 之路

我一向省吃儉用，可是對於就學貸款毫無知覺。所以，從法學院畢業後，發現自己身負 10 萬美元就學貸款債務，簡直完全崩潰了。我決定盡己所能，盡速還清就學貸款。即使我的正職是律師，在晚上和週末，我從事兼職，擔任達美樂披薩店的外送員。所以，若有熟人知道我是律師，他們收到披薩的時候，就會認出我是誰。

我以達美樂的打工薪水過活，而我的正職薪酬全都拿來償付就學貸款。後來，隨著我的職涯日益拓展，收入漸增，但我依然節儉度日。關鍵之道在於，即使薪資增加，也要保持低度開支。

我是單身女性，也已達到財務自由，這一點倒是很有意思。在我的觀念裡，與人約會完全有違財務獨立原則，因為我不想去吃大餐，也不想浪費許多錢約會。若潛在合作夥伴有諸如卡債和過多消費等事情，我也會大肆勸說。

概略說明

- ✓ 2012 年，我達到財務自由，資金有 100 萬美元。

- ✓ 我每月雜貨開支是 50 美元，住在西雅圖某間小公寓，大約 11.7 坪。

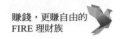
✓ 我繼續工作，經營自己的小型法律事務所。

最難的事

沒有時間表、沒有截止期限、沒有預定行程表，這種日子會如何？我自認高估了這樣的生活。這就是我之所以繼續工作的部分原因。有時候反而會煩惱，財務獨立概念勝過財務獨立本身實際狀況。

最棒的事

對於要求自己希冀之事，我愈來愈有自信，就算答案是「否」，也不會影響我的生活方式。這使我更加大膽，堅守立場擁護自己想要的事。比方說，我成為自僱人士，因為以前任職的法律事務所不願幫我攤繳 401k 退休福利計畫的稅後提撥額，也無法提供健康儲蓄帳戶（Health Savings Account,HSA）給我。假如我尚未達成財務自由，我無法辭職不幹且放手一搏。

給各位的建議

別把自己與他人比較。想清楚自己要什麼目標，不一定非得在某個年齡才退休。然後，判定自己的行事方法，不要理會外在雜音。

第 10 章

失去彈性的極端節儉，
不屬於 FIRE

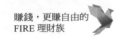

　　剛到愛荷州後，我才明瞭，自己尚未準備好迎接這一刻：在我小時候住的小鎮上，身處雙親的房子裡，在兒時房間一早醒來，身邊躺著妻女。而我已經離職，還放棄了我的海灘小鎮生活方式。

　　如果這就是 FIRE 運動，感覺起來，還不如我想的那般精采刺激。

　　愛荷華州貝爾維尤小鎮（Bellevue, Iowa）位處密西西比河畔，是一個美麗的小型「歡樂谷」〔《歡樂谷》（Pleasantville）是一部 1998 年的美國奇幻喜劇片〕，有石灰岩峭壁、連綿起伏的丘陵、延伸好幾公里的玉米田。貝爾維尤小鎮僅有 2,100 位居民，在某種程度上，我可能與其中至少250 位都有親戚關係；這佔了小鎮總人口數的 10％！

　　我的父母都出生於貝爾維尤小鎮，但我父親任職海軍，我們四處遷徙，曾到聖地牙哥（我的出生地）、夏威夷、波多黎各（Puerto Rico）、美國東海岸地區和其他地方等等。我讀國中一年級時，全家搬回愛荷華州，那時候，我年僅 13 歲，早已旅遊世界他處，骨子裡深具探險癮頭，說話喋喋不休。貝爾

維尤與我以前所到之處真是截然不同。

在學校裡，很多人經常問我，身為小孩子卻四處搬遷，是否覺得很辛苦？我從未體驗過另一種現實生活，所以我會照著反問：「一直在相同地點長大，是不是很辛苦？」就個人而言，我喜愛變化，每個地點令人興奮刺激，能有機會每隔幾年就重新開始，沿途結交新朋友、收藏回憶。現在，我長大成人，回鄉暫時住在貝爾維尤小鎮，真正重大的文化衝擊才剛開始。

由於我的出身教養使然，我與貝爾維尤小鎮的關係總是有點矛盾。我喜愛探訪親友，花時間與他們相處；喜愛耗費整週的時光，在小時候住的家裡輕鬆一下，現在包括看著雙親與喬薇一起玩耍。世界某處是我的家，我也好愛這種歸屬感。但是身為海軍官兵的兒子，追本溯源，我內心其實是一個四處漂泊的人。在愛荷華州才幾週，我實在待不住，覺得鬱悶到快瘋了，急切渴望大膽冒險，或一嘗大都會生活。

所以，返鄉暫住，是我目前最大且最勇敢的冒險，聽起來有點令人啼笑皆非。至少有一陣子是如此。關於泰勒與我的驟變觀點和新發現的簡樸生活方式，我希望親人能夠接受，甚至

感到非常激動？去過厄瓜多爾和達拉斯後，只要談起 FIRE，我們變得較為自在。我認為，或許自己能讓人對 FIRE 原則感興趣，也就是「少花錢、多存錢，做出更有意義的人生決定」。在某次誇大不實的白日夢裡，我想像自己成為現代探險家，把 FIRE 帶來的禮讚傳送他人，讓人擺脫「為五斗米折腰」的生活。但其實我根本不知道，自己簡直望塵莫及。

鄉村的價值觀，早反映出 FIRE 的實用主義

10 月下旬某天，泰勒與我邀請我的表親傑瑞德（Jared）和我的多年好友艾瑞克（Eric），來家裡玩牌，聊聊最新近況。最後，話題轉到泰勒與我想在愛荷華州做什麼事。我開始解釋為何離開柯洛娜多島：我們如何追尋更加節儉的生活，以此擴大幸福快樂，因為一般人通常花費大多數錢財購買昂貴物品和體驗，但其實一些簡單自由的事就能獲致最大愉悅，譬如花時間相處等。我解釋，只要遵循 FIRE，即能創造高額儲蓄率，把錢拿來投資，如此一來，就可花時間做自己所愛之事。

說到這裡，我停了下來。我是否說得太多？我不想聽起來

妄加批判他人，也盡量不要冒犯這些人，就像我們在西雅圖與朋友的對話那樣。

傑瑞德滿臉困惑地看著我：「這不就是大多數人的生活方式嗎？」

我點頭，說：「沒錯，大多數人過度消費，存款不足。」

他說：「我是說，難道大多數人不是『開支低於所得』，然後存下多餘的錢？」

我驚訝得說不出話來。我還以為可以給傑瑞德和艾瑞克一記當頭棒喝，沒想到他們反而看著我，宛如我在解釋「天空是藍色的」這種廢話。

傑瑞德已經過著節儉生活，對他而言稀鬆平常。他的車款已經付清，他的居所是由自己幫忙建造，以節省成本，而且他存下大量收入。他不想停止工作，因為熱愛工作。他沒有宏遠計畫。以這種方式過活，就很合理了。艾瑞克也同意，自己總是把所賺的每分錢按照比例儲蓄。為何要花大筆車貸買豪華名車？它又不會比一般車輛還快！他們也都指出，在貝爾維尤小

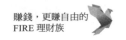
鎮這種地方，這種態度和生活方式很自然；諸如居家、瓦斯、健康醫療、飲食等費用，當地幾乎每樣開銷都比大城市便宜。

我可以想像，在他們開車回程途中，彼此會說什麼話。理所當然，他們會多談 FIRE，而非省吃儉用，但是他們鐵定笑到肚子痛，因為他們的天才朋友史考特自認發現人生祕訣，而他們早就深諳此道，習以為常。

那一晚，我躺在床上，深刻體悟：我原本是要離家找出自己的路，但我卻迷失了。大學畢業後，我離開愛荷華州，我想要見識一切，體驗每件事；對於迎面而來的每項邀約和機會，一概來者不拒。十年後，我已遊歷無數城市，浪費許多金錢；我返回家鄉，試圖學習原生家庭早已熟知之事：勤儉持家，才有自由。這是傳家之道；我的原生家庭簡單純樸又知足常樂。而我居然忘了這些，或者，打從一開始我就沒有覺察過。

這項出乎意料的頓悟不僅是有點尷尬而已，也帶來幾許寬慰。或許，冥冥之中自有安排。依我淺見，美國中西部的人以友善而聞名（不過其他地區顯然也是如此），原因其來有自。在這裡，鮮少人會購買昂貴玩具塞滿自家，也很少有人買一輛

自己負擔不起的車子。相反的，他們傾向於重視人生最重要的事物：與家人和親友之間的聯繫。聲稱自己是「鷹眼愛荷華州人」，我深深引以為傲。現在終於認清，**諸如貝爾維尤此類農村鄉鎮的價值觀與生活方式，在許多方面，都能反映出 FIRE 的實用主義（utilitarian）、簡樸價值觀和明智節儉。**

這件事過後不久，大約在 11 月初，我與另一位表親賈吉（Chucky）在他的新船一起釣魚。先前我跟他說，我會在愛荷華州多多停留幾天，從那時起，我與他就很期待一起釣魚。童年時期，賈吉是我某位密友，我們兩人生日相差 2 個月。隨著年紀漸長，我們的友誼不減反增。

高中畢業後，賈吉與我各奔前程。我離家就讀四年制大學，取得文理學位，而賈吉去念兩年制的工商專校，成為電氣技師。那時候，我理所當然假定我會比較成功，因為大學文憑較貴。現在我才充分明瞭，這種假定有多麼天真：在我多花兩年時間堆積就學貸款債務之時，賈吉就已經開始賺錢，建立自己的事業。十年後，他的資產淨值顯然比我還多。但是，依照我最新的看法而言，他仍舊太過超時工作，疏離自己家人，而且也跟我一樣，開始購買昂貴玩具。賈吉天性好奇，依他這種

個性，我認為他更會覺得 FIRE 架構精妙絕倫。再加上，我確實知道他寧可去釣魚，而不是終日埋首工作。

所以，某天清晨一早，我與賈吉在密西西比河的 12 號停船處（Lock and Dam 12）相見。他的新船非常漂亮，配備了舒適的可升降座椅、魚桿支架，還有全新 GPS 導航的拖釣船發動機，一旦注意到何處有較多魚吞餌（但願能發現這樣的地點就好），這個發動機就會自動把船滯留該處。我們還來不及在釣魚線上打結，賈吉就迫不及待問我到底回來做什麼。他知道我已經辭職，搬回家已經好幾個月，但不清楚詳情。或者說，最重要的是，他不知道 FIRE 的事。

我略帶憂慮，因為不想讓彼此之間場面尷尬，之前遇過太多人都有這種情形。我解釋基本原理，提及 FIRE、紀錄片、找新家、長期規畫，想在十年左右達成財務自由，能夠不再為五斗米折腰。

賈吉確實對這個概念抱持開放態度，不過有點困惑。他覺得自己已經以 FIRE 公式度日。他努力工作，擔任電氣技師賺取豐厚薪酬，請當地理財經理代為健全投資一小部分收入。他

不確定到底存了多少錢，但是數目很大。於是他問我，如果他已經採行必要步驟，是否真有可能不必工作到 65 歲才退休？

我說有可能。事實上，他比我還接近 FIRE 了！我說，假設他可以不必工作了，卻還繼續工作到 65 歲為止，這未免太瞎了吧？

賈吉說：「我很少花錢，而且，我的卡車款項已經付清，十年後就能付清房貸。我幾乎沒有什麼債務。」我有點傷腦筋，不知如何解釋這些即是意味著有能力提早退休。當我提起他必須改變消費習慣和債務等級以達成 FIRE，賈吉開始起了防衛心。我太晚明白，他這艘全新的釣漁船要價 19,000 美元，可能不是談論這些話題的最佳地點。

我決定退守。在過去，我總是太過自以為是，太快說出FIRE。我最不想看到的事就是讓賈吉以為我在批判他；我沒立場批判，因為泰勒與我以前屈從於生活方式膨脹，比他糟糕太多了！

那一晚，我傳送更多資訊給他，內容有關低成本指數基金，還有一些優良部落客和播客訪談的連結，我就到此為止。

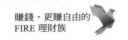
　　接下來 11 月的日子在迷濛之中飛快而逝，我們陪伴喬薇、寫作、製作紀錄片，還與親友在餐桌玩牌。我享受與家人相處的這種高品質時間；在以前短暫例行性的度假探視期間，罕有這般體驗。在某個特別的週五，我花了當天的優質時光，與我父親在外面，替換柵欄某一大塊部分。這片柵欄是我父母房產的後方邊界。我們也盡量修剪柵欄上的多餘樹枝，以防樹枝掉落而在未來需要更多修補。這些雜活包括要想辦法修剪樹枝、把大樹枝削成木材，將剩餘雜枝堆成一堆，然後燒毀。天氣雖冷卻生氣勃勃，我小時候就愛這種天氣。

　　父親與我度過美好時光，辛勤工作、聊天，甚至還做白日夢，說不定哪一天我們可以合力購買房產租人，一起修繕房子；我覺得自己比他更喜歡這個點子呢！滿身大汗、天氣涼爽、雙腳痠痛，肩負一個比我的頭還高的大鋸子，連續長達 10 分鐘之久，我的肩膀疼痛不堪，同時還得站在拖拉機桶子裡，往上升高 4.6 公尺，吊在半空中——美國聯邦職業安全與健康局（Occupational Safety and Health Administration, OSHA）可能不准許這麼做，但錢鬍子先生肯定會想做。

　　我們返回屋內之時，喬薇正在祖母的大腿上玩耍，泰勒在

沙發上工作。我走進去，坐在母親身旁，說這有多麼美妙，能讓她與我父親花這麼多時間陪伴喬薇。以前，每當泰勒與我來到愛荷華州，一次只停留一週，不但想要卸下工作壓力，同時還得努力盡量匆忙填滿我們的度假之旅。也就是說，以前我沒花時間與家人平靜度過日常時刻，而這一直都是我想要的。

我的雙親（尤其是我母親）非常支持我與泰勒的這項企畫，願意幫我們搬遷，在我們拍攝紀錄片之時，幫我們照料喬薇；在我諸多疑慮時刻，為我提供情感支持。假如我從未聽過「提摩西·費裡斯秀」（The Tim Ferriss Show）那集播客訪談，將會很難想像得到此時此刻我正在愛荷華州，看著母親與喬薇一起玩耍。

對我而言，這是極樂時刻，是旅程中早先體驗過的諸多快樂之一，集中體現了我們的目標和 FIRE 哲學。**我們走出舒適圈到處旅遊，追尋更快樂的存在性**。情況有時艱難，從這個家到那個家輾轉流連，與父母同住，所有東西都放在倉庫裡，不知道前方何處可以落腳，但是，此類種種不適皆有目的，也就是：在諸如這般特別的日子裡，一切都很值得。與父母同住一個屋簷下，與父親一起在戶外勞動，花時間與母親相處，這些

簡單的愉悅宛如一種表徵，顯示我們處於正軌。

為了「退休」，要放棄多少？

到了 12 月初，我們在愛荷華州的時間所剩不多。我們計畫在耶誕節一週前回到西雅圖，與泰勒家人共度假期。在新年過後，我們將於本德市展開為期三個月的試住。這趟旅行很成功，即使泰勒與我都覺得與我家人更親近了，我們依舊十分興奮，要出發前往尋找新家。

幾天後，我母親問我，泰勒與我想要什麼耶誕禮物？那種興奮之感頓時全消。在餐桌上，泰勒與我瞪大眼睛，彼此使了個眼色。我們的預算裡沒有規畫耶誕節禮物。隨著母親一直討論她的打算，這種簡單的期望、感恩與愛的年度儀式，促使我們完全崩潰。

我母親解釋她想買什麼給某些親戚，而她提醒我們幾個即將來臨的假日派對，而我們應該帶一些小禮物給派對主人家。但是，泰勒與我僅能提撥每月的 150 美元「購物」預算，當作這項「禮物資金」，而這筆錢大多已經揮霍在美酒、巧克力、

紙巾、洗衣精和其他雜七雜八的東西了。泰勒與我絲毫不在意想要什麼耶誕禮物。而我們怎能負擔得起買禮物給我們的父母、喬薇、泰勒的姊妹和姻親、我們的姪女、她的祖母，以及我們所有的朋友？

在過去，泰勒與我固定花費 1,500 美元以上，購買耶誕禮物，而且深思熟慮要買哪些禮物，才能表達每個人對我們的意義有多重要。我們自認非常慷慨大方，現在依然如此。然而，不知何故，在我們的預算計畫以及我們對於通往 FIRE 之路的渴望裡，我們完全忘了耶誕節，沒有撥出任何金錢預算，表達慷慨之意。

我知道我們不能動用這筆 1,500 美元，但我無法想像，過耶誕節卻沒給親友禮物，會是怎樣？對於熱情招待我們的人來說，此舉不但無禮且不懂得感恩，也看似我們藐視傳統習俗，而這些原本是人生樂事。隨著年紀漸增，耶誕禮物其實不算差勁的消費習慣。這是我們童年的一部分，深深根植於我們的記憶裡，也構成了家人之間的親密關係。

泰勒與我在臥房內獨處，想方設法，要從僅剩的 93.22 美

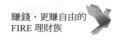

元「購物」資金擠出一些錢，買禮物送給大家。看似沒希望
了，而且這項討論很快轉移到節儉所招致的壓力與所耗的能
量，突然開始感到一切烏雲罩頂。

一週以前，我們才剛覺得自己被囚禁在父母家裡；有連續
四天，我們都在家與父母一起用餐，幾乎沒踏出屋子一步，除
了偶爾散步以外。我們發誓戒掉外食習慣，但這種設想很快成
為過往雲煙，而我們真的很想出去吃晚餐。所以我們說「管它
的」，屈服於自己的慾望之下，到一家評價頗佳的餐廳用餐。
在美國最大評論網站「Yelp」，那間餐廳有四顆星評價。可是
真沒想到，它的食物哪能比得上我母親煮的菜餚。用餐完畢
後，我們帶著滿滿的消費者悔恨離去。我們居然讓舊有的自我
反撲己身，而這一切都不值得！

日復一日勤儉持家，雖然很辛苦，我依然不想放棄。我細
查預算，找出可以削減之處，建議或許我們可以停喝啤酒和葡
萄酒；這段混亂日子以來，我們享用美酒的頻率有點頻繁。

泰勒說：「當時我同意離開聖地牙哥，我說過絕不放棄酒
類和巧克力。我已經放棄了我的家、我的車，離開我的朋友，

現在與公婆同住。這是我的底線。」

　　她說的沒錯。聽到她大聲說出來，提醒了我，我們到底已經放棄了多少東西。只不過短短幾個月的時空，我們已經澈底翻轉人生和開銷。而這些還不夠。假如現在就已經難以堅守每月 4,200 元的預算，一旦房租或房貸的花費增加，情況將有多麼艱難？我們還得放棄多少事物？縱使我們現在辦得到，五年後依然做得到嗎？一旦達成財務獨立，那又如何？這就是我們想要的「退休」樣貌嗎？一個沒有享用大餐、耶誕禮物餽贈或國外旅遊的人生？

　　我對自己不夠坦白，實情是：由於 FIRE 生活方式，我已經變得幻想破滅、難以承受又灰心氣餒。當初倉促做出這些重大決定，那股滿懷激動之情已經逐漸消失，現在徒留這般景象：一如既往的相同工作生活，減少了奢侈，卻增加許多不便。原本致力於過著低度開銷的生活，這股興奮感已不見了。

　　事實上，每當有其他人描述自己如何透過 FIRE 達成財務獨立，總有一些時候，我開始心存懷疑。一直精挑細選節儉事物，是否曾經感到沮喪？是否曾經想拋開預算隨風而去，對自

211

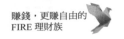

己好一點？

　　我對 FIRE 也有其他憂慮。幾個月前，我讀過一篇文章〈財務獨立，提早退休：這項理念的缺點？〉（*Financially Independent Retired Early: Flaws with the Philosophy*）。這篇文描述其中某個缺點：可能喪失收入，造成嚴重性。FIRE 社群熱切專注於累積十到十五年的財富，從而帶來不可思議的獲利力量，為提前退休日期進行鋪陳。然而，如同該篇文章指出，假設你真的提前退休了，你停止儲蓄，那麼就失去了接下來二十到三十年（直到傳統退休年齡）的投資額複利，而這段時間通常是職涯裡收入最高的歲月。

　　若提早退休，也降低了某人對社會安全保險的攤繳額，進而降低了他們晚年的社會安全保險給付。還有可能的是，FIRE 生活方式（節儉寒酸加上無業父母）是否成為子女的壞榜樣？

　　泰勒與我一直討論著，很快就覺得掉入恐懼和疑慮的無底洞裡。萬一我們其中一人有緊急醫療需求，該怎麼辦？萬一我們家人需要財務援助，而我們無法幫忙他們，又會怎樣？如果我們不繼續工作，要如何儲蓄喬薇的大學教育資金？最後，我

們同意先睡一覺，隔天早上再來煩惱這些問題。為了繼續進行，我們好歹必須擺脫焦慮，收復我們對 FIRE 最初的某些興奮感，並且切記我們一開始從事此道的初衷。

▌儲蓄大學教育費用或為 FIRE 而儲蓄？▌

　　FIRE 家庭有時覺得必須做出抉擇：是否該為提早退休而儲蓄，或是幫子女支付大學費用？對小孩採取哪一種態度比較好？「讓子女自食其力」或「讓子女終生不愁吃穿」？這是泰勒與我多次提到的事，不過我們沒有具體答案，當前計畫是要使喬薇的複利計算器提早運作，一旦她開始工作，隨即敦促她盡快提繳款項到羅斯個人退休帳戶（Roth IRA）。我們也計畫要跟喬薇談及所有 FIRE 實證方法，以處理她的大學教育，例如：就讀社區大學、努力贏得獎學金、住在家裡，或是在暑假打工賺取學費。

　　泰勒與我決定不提繳金額到「529 計畫」（529 plan，也就是大學教育儲蓄帳戶），因為我們認為：若把可觀數目錢財緊緊繫於某項基金裡，而該項基金僅供特定目的之用，這種作法無法為我們或喬薇提供足夠彈性。所謂的「財務獨立」，部分是指：

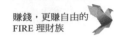

要有能力按照自己選擇來使用金錢。

隔天早上，我依然滿腹壓力和疑慮。我好想與泰勒和喬薇
一起靜靜地吃著早餐，沒有別人在場，但是那天我的父母當然也
在現場。我有點厭倦了他們也在場，而且感覺很糟糕：我父母準
備早餐，收拾善後，提供免費托育，餵飽我們三餐。我相當明白
我們有多麼幸運。我也肯定，這對他們來說並非瑰麗生活。我很
感激父母為我們所做的一切，但懷念以前在聖地牙哥的生活，想
念我們的朋友。有那麼一瞬間，甚至懷念以前職務的安逸感。

我是不是搞砸了？啟程之前，泰勒與我曾經訂下協議：我
們隨時能夠懸崖勒馬，返回聖地牙哥。時候到了嗎？聽起來真不
錯。愛荷華州的 12 月實在有夠冷，而加州此時微風徐徐，應該
只有攝氏 18 度左右。坐在餐桌對面的泰勒看了我一眼，我知道
她也想著同樣一件事。

那天早上，我在網路上閱讀有關 FIRE 的負面文章，稍微
調整我們的預算，以便負擔得起耶誕禮物。後來覺得十分疲
乏，我決定修補柵欄，當作美妙的逃避手段。我穿上工作服，
頂著寒風，幫我父親繼續維修柵欄。有一陣子，我們安靜工

作，都不說話，加快修剪樹枝，比以往更有效率。然後他提到，泰勒與我似乎面臨壓力，問我是否一切都好。我大吐苦水，說出某些憂慮，事關節儉過活與我們所做的犧牲。

我問：「我是否宣判我的家庭非得寒酸過活，而其實我們可以在海邊過好日子？」我父親大笑，說：「孩子，看看四周。」他指出，即使他與我母親可以過得更好，他們一直都勤儉持家度日。我父親的原生家庭沒有過多裝飾，桌上有食物可吃，頭上有屋頂遮蓋，就沒太多其他東西了。所以，他很了解「一無所有」的感覺是怎樣。他說：「我們在你這個年紀的時候，沒有太多物質東西。我們簡樸度日，長時間工作，就像你一樣。而我們撐過來了。」

我說出所有疑慮：我們太過倉促衝動，雙腳跳進 FIRE 生活方式裡。況且，關於這項生活方式選擇，我仍舊處於理解階段，我何苦試圖為此拍攝紀錄片？畢竟，我聽到這個概念才幾個月而已，卻因此做出一系列重大人生決定。

他說：「哈，你一向很衝動。你想到某個點子，就馬上去做。準備就位、火力射擊、瞄準目標。」他說得沒錯。我長大

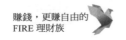
成人後，充滿熱情進行企畫，我的特徵就是：以流星般的熱忱迅速增強，然後通常隨之而來的是興趣開始慢慢減退。接下來，再換另一個點子。

我說：「可是，萬一其實這是壞點子，怎麼辦？萬一行不通呢？」

父親停頓了一下，然後以慈父般的口吻，向我直言不諱，說過去這些年來，我曾經追尋某些企畫和努力，可是對他而言，幾乎毫無意義。但不知何故，我總是向他證明我一錯再錯。而這一次，他認為 FIRE 才是致勝關鍵。他說：「史考特，這次的企畫不同。你正在進行有意義的 FIRE 之事和這部紀錄片。我們真的很驚訝，也都以你們兩人為榮。我們從未見你離開柯洛娜多島。堅持下去吧！」

他還說，上次我把吉姆‧柯林斯的《簡單致富之路》拿給他們看，我母親讀了這本書，額外研究一番，然後決定把所有退休存款轉到先鋒集團裡，開始投資指數基金。他說，倘若這是壞主意，那麼，他就跟我一起蠢到底吧！

幾小時後，賈吉傳了簡訊給我，說他已經註冊使用預算編

列工具，還說：「我恨透了見到自己花這麼多錢買愚蠢東西！我承認，這個概念超讚的！」所以，那次釣魚之旅終究成功了。這世上我最愛的其中一人已經受到 FIRE 蠱惑。經歷憂慮疑惑之後，見到這封訊息，我心中釋懷了。

經過這次，我對 FIRE 的焦慮平靜下來。不過，我決定打電話給財務獨立科學實踐者布藍登・甘奇，向他提出我的憂慮：我是否反應過度？我的憂慮是否合理？他是否經歷過相同疑慮？如果是，他如何處置？

布藍登耐心聽我訴說，坦承他在一開始展開旅程之時，也曾有過類似掙扎。他曾見過，追尋極端節儉，反而導致抑鬱，也疏遠了其他人。他說我與他有個共同點，就是耐性不夠。他把論點講得很透澈，說我必須察覺：別過度癡迷 FIRE 和節儉，以免危及日常幸福快樂。在某篇部落格貼文〈追尋幸福快樂，才是合乎邏輯〉（Happiness Is the Only Logical Pursuit），錢鬍子先生彼特也指出他的主張：**我們不但要聚焦於金錢，還要注重了解何事讓我們真正快樂，然後做出選擇，改善我們的長期福祉。**

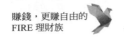
　　接下來，我問布藍登另一個更加實際的財務考量。萬一市場績效不如預期那麼好，又該怎麼辦？在某種程度上，我們是根據一套理財假定，把整個生活方式拿來賭注，倘若這套假定無法撐持下去，很可能讓我們的犧牲毫無意義。在 FIRE 社群裡，關於這項憂慮，眾人爭戰不休。

　　布藍登耐心示範這些數字給我看。至於內容摘要，請見第 69 頁〈萬一股市崩盤，實際情況會如何？〉（*What Actually Happens If the Stock Market Crashes*）專欄。結果顯示：「財務獨立」全由自我界定。你需要存多少錢？要存多久時間？全都取決於開支額、通膨率、實際所達的市場報酬，以及其他數百個因素。

　　除了特定數字之外，布藍登還強調：在健全的 FIRE 計畫裡，**「耐性」和「彈性」是必不可少的要素**。假如非得要以預定日期達成財務獨立，而且滿腦子想著市場報酬率和每項開支，反而可能產生不利影響。只要遵循 FIRE 的核心原則：「開支小於收入，存下大幅比例金額」，即可達到提早退休。所以，有必要計較是否花 8 年、10 年或 12 年才達成嗎？或者，萬一市場長期低迷而拉長更多時間呢？他說：「事情該怎麼樣，

就是怎麼樣。」

他還提醒我，大多數人達成 FIRE 後，依然繼續工作、賺取收入，只為依循自身熱忱。事實上，一個人「FIRE 前」和「FIRE 後」的生活到頭來可以天衣無縫融合在一起。至於財務獨立的特定達成日期，若不是在迷茫之中朝目標邁進，就是月曆上標明的日期而已。布藍登建議：「定航前進，活出自己的人生。」

我問：「可是，那些損失的薪資流量又會怎麼樣？」假如退休意味著損失年薪 10 萬美元長達二十年，也就是等於放棄將近 700 萬美元，那麼，退休是更值得努力的目標嗎？布藍登聽了大笑。

他說：「史考特，FIRE 是有關『想清楚快樂人生需要何事』。你需要 700 萬美元做什麼？加入遊艇俱樂部會員？買一輛 BMW？」

哇，他說中要點了。起初，泰勒與我各自列出「快樂事項清單」，我們指出要與所愛之人共享體驗、建立聯繫，而非奢侈品或便利設施，也非 700 萬美元。

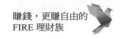

布藍登重申：「這非關金錢。金錢只是工具，用來優化人生體驗。現在就去做，好好研究一番吧！」

極端節儉而失去彈性，不是 FIRE 原則

從那時以來，我開始醒悟：泰勒與我在愛荷華州的經歷不但相當正常，也類似一種過渡儀式，讓人追尋 FIRE。我們太快變得極端了。我們對 FIRE 甚感興奮，努力削減每項可能開支，而非思考何事才可長期永續。一旦蜜月期結束，我們發現，自己居然沒花幾毛錢在過日子，因此必須正視事實：**極端節儉可不是一件好玩的事。**

當然，關於極端節儉，人人想法各有不同。對某些人來說，年度開銷 10,000 美元是極端節儉；但是對其他人而言，一年花費 10 萬美元也是極端節儉。對我們來說，重點在於：我們從何處開始更加關心存錢，不僅是享受人生、在意自己、花時間與人相處而已。花費 200 美元與朋友吃壽司大餐，很容易拿這個當作犒賞自己的藉口，這才是最棘手的事。但解答並非如此。可是，不購買耶誕禮物或總是盡量喝著最便宜的酒，也

非解決之道。在「匱乏」與「放縱」之間，泰勒與我必須找出中間立場。

關於這項話題，我其中一位導師是「逐漸致富」（Get Rich Slowly）部落格創辦人 JD 羅斯（J. D. Roth）。在個人理財部落格開始風行之時，JD 也創建其中一個部落格，為了使自己負起責任：他想還清自身債務，有辦法控制自己的開支。事情奏效了。一年後，JD 生平首次無債一身輕。他的部落格日益壯大，成為其中一個最受歡迎的個人理財部落格。然後他售出部落格，換得足夠金錢，獲致財務自由。在 FIRE 社群裡，JD 注重 FIRE 背後的情緒面和心理層面，而非冰冷生硬的數字。他花了很多時間，思考為什麼要財務自由。

最近，JD 幫我建立一份「個人使命聲明」。這道練習對每個人都很強效，不管財務狀況如何。不過，對於 FIRE 追尋者而言，這份聲明尤其強而有力，因為他們可能把所有雞蛋放在「只要退休，就會快樂」這個籃子裡。回答以下三個問題，進行這項練習：

你最重要的人生目標是什麼？

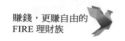

如果僅剩六個月生命可活，你想做什麼事？

接下來五年，你要怎麼花費時間？

以下是我的回答：

我的家庭是我的一切。所以，我最重要的人生目標就是：
盡量多花時間陪伴他們。在未來，我可能有時失去理智，所以
我的人生目標也包括：花時間與家人相處，陪在他們身邊，活
在當下。

假如我只剩六個月生命，我會盡量多花時間與家人相聚
（如上所述），努力花時間省思我這輩子的生活。

我是夢想家，所以我喜愛思考未來！我想花費接下來五年
時間，滿足我的創業魄力，同時盡可能幫助更多人達成財務獨
立，包括我自己與家人在內。

最後，請總結所有回答，成為一份使命聲明。以下是我最
終提出來的聲明：

對於深愛我、依賴我的人，我會陪在他們身邊。

我將過著富裕、快樂、有成就感的人生，我也為他人帶來

力量，過著相似人生。

諸如布藍登與 JD 羅斯這類人士使我明白：FIRE 並非有關攢下每分錢、以人力可及方式努力盡快退休。FIRE 事關建構一種生活方式，要符合自己更大的人生目的，縱使你仍在工作中。「退休」不是每項問題的解答。運用 FIRE，自然就能呈現結果，將個人價值觀與個人選擇保持一致。

所以，那年耶誕節後來怎樣了？在離開愛荷華州、返回西雅圖過節之前，我們已經解決禮物問題：喬薇還小，我們包裝了一罐肥皂給她，足以讓她興高采烈。我們還裝了幾本二手書給她，而她非常喜愛。我們為姪女買了新禮物，不希望我們的新生活方式重創她們的回憶和傳統。我們決定放棄送禮給朋友，這很簡單，因為他們知道我們身處此道。沒人介意。最後，我們全家協定出一個長期解決辦法：與其把焦點放在禮物上，倒不如全家注重低成本體驗，花時間相聚。

我們創辦了「耶誕老人年度繪畫活動」，如此一來，每個人都能與其他家庭成員共享歡樂體驗。這樣的話，就能與摯愛之人創造歡樂和新回憶，值得永遠珍惜。這是金錢買不到的

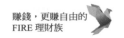

事。至於節儉寒酸？不完全是。但是刻意而為？絕對是。

展望未來，泰勒與我仍舊想辦法應付送禮場合。我們要如何表彰此類場合的精神，同時保障我們的財務目標？要怎樣才能不靠金錢和送禮，對人表達敬重之意？況且，即使某物對某個場合管用，或對某年（甚至五年）都能管用，但將來不一定行得通。隨著喬薇長大，她對禮物也會有不同期許，我們的生活方式會變，財務狀況也會變。不過就目前而言，我們規畫每月預留 50 美元，當作禮物基金。

那年耶誕節，我們真正學到的教訓是：**有必要保持彈性**。提醒自己，**若有任何節儉行為對生活造成傷害和壓力，都不是稱職的 FIRE 原則**。

第 11 章

消費時，留意花錢心態

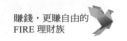

本德市是我們的夢幻城鎮。

住在此地短短幾週後，我們明白已經完全愛上這裡，不須再考慮任何其他替代方案了。

在本德市，可以騎腳踏車、從事戶外活動，以我們的 FIRE 預算也足以負擔得起這裡的開銷。一年裡，有將近三百天陽光普照，還有世界級的微釀啤酒地點。以前仍在聖地牙哥之時，我在華盛頓郵報讀了一篇本德市報導，當時不太相信媒體炒作。文章大致如下：

「本德市是俄勒岡州中部最大城鎮，擁有 71 座公園、77 公里的休閒小道。距離市中心不到 1 小時車程之處，就有 26 座高爾夫球場，在德舒特河（Deschutes River）從事激流划艇、西式毛鉤釣魚，有超過 1000 個登山路線，巴奇勒山（Mount Bachelor）有 14.58 平方公里的滑雪道……這個地區有 40 個湖泊，可從事槳板運動；在三姐妹荒野地帶（Three Sisters Wilderness）或飛行員巴特（Pilot Butte）熔岩圓頂（一座位於市中心且有約 146 公尺高的火山渣錐），可以健行和露營。」

「或者，也可找一些漂浮物，譬如內胎、充氣床墊等，漂

流在德舒特河較為平穩的河段上，從本德公園一路漂到市中心；花 5 美元搭接駁車，就可以回到你原先停車處。《狗迷雜誌》（*Dog Fancy*）稱本德市是『全國對狗最友善的城市』。很難找出這個城市哪些地方不盡完美。」

隨著我們日漸了解本德市，我必須承認，這些熱烈讚揚的評論不是在吹噓。而且，那篇文章還沒提到學區絕佳呢！

起初幾週，我們澈底探索本德市，參觀公園和鄰近小鎮；加入美國林業局（US Forest Service），在美麗的德舒特國家森林（Deschutes National Forest）享受費導覽的雪鞋健行。本德市沒有交通壅塞，而且十分鄰近山野，整體本質非常閒適自在，我們愛上這裡了。我不必浪費時間，繞一大圈找停車位。前往採買雜貨之時，有人會向我提問烹飪建議，人與人之間有眼神接觸、彼此微笑，看到我滿手拿著雜貨走出來，有人會為我開門。本德市有大城市的刺激感和生活便利設施，同時兼具小鎮的社區感。

再加上，經過幾個月的四處閒逛之後，累攤在沙發上，擠在客房裡睡覺，泰勒與我很感激能有地方暫時安頓，有整間房

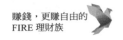

子可供全家使用。原本我們計畫要在本德市租屋一年左右，了解一下當地情況，但短短幾週後，我們取消這些計畫，改為決定開始找尋新家。即使已經排定 4 月到 6 月要在夏威夷代人看管房子，我們仍希望事先找到房子，此低利率鎖定買房。此外，我們也想從容不迫在本德市找到新家，不想浪費一年租金價值，因為這些租金可以拿來當作買房資金。

用 FIRE 生活方式，成功找到理想車款

買房之前，我們必須先買車，特別是要價 5,000 美元左右的車。我想要盡量密切遵循布藍登的建議：僅花費 5,000 美元，而且避開油耗量大的汽車。不過當地有個小問題：冬季。根據我們的體驗，山區常有嚴重暴風雪，經常整週都是攝氏零度以下低溫。道路布滿冰雪，極為險峻。

我想要一輛省油車，但是，就連我們這台前輪驅動的馬自達車子也會打滑，我就知道，將來必須買一輛四輪驅動或全時四輪傳動（AWD）的交通工具。我在大型免費分類廣告網站「克雷格列表」（Craigslist）拼命找尋，認真搜索本德地區，但

很快就知道，要用 5,000 美元購買一輛具有全時四輪傳動的汽車，簡直是一種奢求。我深感挫敗，於是稍微增加預算，看看會冒出什麼情況。

賓果！我找到了一輛「豐田 4Runner 超霸系列」汽車，我的理想選擇！車況完美無瑕，里程數僅有約 16 萬公里，僅花 12,500 元即可擁有。以這輛 4Runner 車型的車況而言，實在很便宜！隔天，我父親來本德市探望我們，我與他一起檢查車況。我父親認為這輛車是我們的完美交通工具，它可以再跑 16 萬公里都沒問題。但是，我的 FIRE 理智線卻不太肯定。這輛 4Runner 汽車每加侖汽油僅能跑約 25 公里，卻花費了我兩倍半的原訂預算。

就在我們看這輛 4Runner 汽車之前，我還無意間看到一輛 2006 年的全時四輪傳動本田 CR-V（Honda CRV），里程數是約 29 萬公里，售價 7,500 美元。這引起我的興趣了。我預訂試駕這輛 CRV 一趟，發現內部寬敞，引擎發出平穩低沉的聲音，每加侖汽油能跑約 40 公里，維修紀錄完美無瑕。況且，它還裝了全新一組雪胎！儘管里程數較高，這輛車有定期保養，而且未經二次轉手，所以我在想，這輛本田汽車引擎將可繼續運

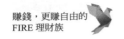

轉，勝算頗佳。

還有，即使這輛車僅能再運轉幾年，就理財方面而言，也會優於我那台馬自達的折舊率。假如這輛車可以多跑幾年，可真是錦上添花了。我也決定盡量騎腳踏車出門，所以這也多了另一項誘因：我愈少開這輛車，里程數增加速度就較慢，這輛車的壽命就愈長，所耗的油量開支就愈少，對地球造成的汙染也愈少。

評估市場狀況後，我決定出價 6,500 美元買這輛 CRV。對方接受了，太讚啦！我們開回一輛新買的「FIRE 驗證」汽車。價格雖然不是 5,000 美元，不過卻很接近了

那一晚，我們把這輛 CRV 停在自己的私人車道上，終於明白，生平第一次付現買車，完全擁有這輛車的所有權。我已經 34 歲，不知該哭還是該笑著能入睡。不管怎樣，FIRE 生活方式再度勝利。現在，我們已經節約買了二手車，我在某個轉讓網站列出自己的馬自達汽車租賃權，然後開始準備找房子。

「無謂奢侈品」與「帶來真正快樂的購物」

我們的新式夢幻城市唯一的問題是：它似乎也是其他每個人的夢幻城市。我們待在厄瓜多爾那時候，我們的租屋預算是每月 1,500 美元，買房預算是 40 萬美元，而打從那時期，本德市的房價已經開始漲價，遑論我們仍在聖地牙哥之時初次搜尋到的價格了。

根據網路搜尋，我們的預算看似務實。泰勒與我預想我們在本德市的新家有三房格局、整片落地窗，加上一個大型後院，可有空間建構工作室；僅需步行或騎腳踏車，就有一兩間啤酒店。畢竟，我承諾泰勒，離開聖地牙哥後，可讓我們找到一個地點，以較低價格擁有相同生活品質。擁有一間漂亮房子，可以在鄰近地區散步，是重要關鍵層面，我們認為這樣會帶來幸福快樂。

現在覺得有點不太樂觀了。隨著我們日益了解地理環境、鄰近地區和學區，我們終於明瞭，在網路上所見的房子大多數離市中心很遠，不然就是實際屋況很糟。鄰近地區有我們想要的好房子，但很快就被許多人以現金出價買走，或是被人紛紛

出價競標。在我們負擔得起的鄰里地區，房子不是太小（約 28 坪以下）就是得開車出門不可。

我試圖說服彼此，說其實不需要三房的屋子，泰勒說：「我以為只要來到本德市，就不須再次妥協。這項舉動已經是在讓步了。」她說的沒錯。我們離開原本所愛的地方，已經讓步了。至於想買的房子，我們不打算妥協。

然後我們找到夢幻房子。它位處山坡面，整塊地有 300 坪，僅需步行即可到達咖啡店、鄰近超市和幾間餐館。這間房子有一個大型甲板，可以俯瞰遼闊的後院。屋內設計是「世紀中現代風」，客廳有一整牆的窗戶，窗外可看到高大美麗的松樹。泰勒一踏進客廳，看到窗景，馬上中意這間房子。

房子後院完全附帶一間工作室和雞舍建築物，我們巡視一番，泰勒小聲跟我說：「這就是我們的房子了。」我也有同感。這差不多感覺就像我們的房子了。就算必須從頭開始自建房子，也無法肯定能夠打造出像這樣一間的房子。

唯一的問題是：房價稍微超出預算。起價是 48 萬美元，不是我們偏好的 40 萬美元。或許孤注一擲，砸下點點滴滴所

存的儲備金，可以補足這個價格？

離開該處後，我們為自己合理辯解：以前在聖地牙哥，我們曾經準備花費遠遠超過 50 萬美元，想買一間距離柯洛納多島一小時車程的房子，而那間聯排住宅屋況差到幾乎不能住人。而在完美的本德市地點，想要買一間夢幻之屋，可以少花 20,000 美元。我們腦力激盪許多方法，縮減其他開支，以求盡量能夠負擔得起這間屋子。

我說：「或許我們只要延長財務獨立日期就好。如果我們願意多工作幾年，就可以補足這間房子價款。」她看起來有點猶豫。只要繼續工作，年年都讓我們加速老化疲乏。

泰勒建議：「要不然我今年設法取得幾項大筆佣金好了？」她有部分收入來自佣金，而她總是有機會接受更多客戶。她說：「這一年接下來的日子，我每週可以多加工作幾小時，以此彌補價款差額。」

我腦子裡有個聲音叨擾不休，一直說著「或許這不是好主意」。畢竟，FIRE 的主要哲學理念是：即使負擔得起，也要以較低價錢買房或租屋。泰勒與我離開加州之時，其中一項主要

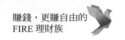

目標，就是不想花這麼多錢在居家費用上，而是要開始存下這些錢。

我們的房仲說這間屋子最有可能很快賣出，若我們想要出價，手腳要快。泰勒與我回家後，我們決定到該處鄰近地區閒逛，試圖做出決定。陽光普照，我們把喬薇放進嬰兒推車裡，然後出門了。氣象預報說當晚會下雪，可是當時的天氣依然晴空萬里。過不久，泰勒握著我的手，說：「老實說，我以前認為，住在柯洛娜多島以外的地方，絕對不會很快樂。但現在我錯了。」

我點頭同意。我跟她說，本德市感覺就像我們一直嚮往的城鎮，而以前居然不知道。我們整日幻想著，要在這般寧靜安全的小鎮養育喬薇長大，可與她一起從事戶外探險，尤其是如果我們都不再為五斗米折腰的話。泰勒也有同感，這點簡直令人陶醉；過去，我深怕讓她失望，現在這股恐懼逐漸消融。

我說：「就這樣吧！買下這間房子。」

我們停在人行道上，打電話給房仲，說我們想出價。那天晚上，我們開了一瓶酒，慶祝我們的未來：在新城市裡，找到

新家，展開新生活。

隔天，房仲打電話來，說這個房子有很多人出價，如果我們認真想買，就必須提高出價。

我跟房仲說：「我們已經超過預算了，還要提高多少呢？」

房仲說，若要有勝算機會，我們應該出價 50 萬美元以上。我們繞了一大圈，又回到原始的加州預算。這不是我們離開該處的本意，也不是 FIRE。

可是我在想：這跟其他房子不同，這是我們的家！是夢寐已久想買的房子，永遠的家！另外，如果本德市現在這麼受歡迎，五到十年後，我們的房子價格應該更高吧？我們決定提高出價，增加了 25,000 美元，總額是 505,000 美元。

提出更高價格後一小時，我知道我們犯了錯。經過一週的進展，我們已經提高買房預算超過 10 萬美元。**問題不在於房子或價錢，而是在於我們又溜回舊有的花錢心態。**我們變更環境、換了車子，甚至改變開銷，但是對於購買大型物件，我們仍以相同方式，為自己找理由辯解。我們依然覺得自己值得獲

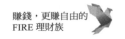
取「極品」，而且不該折衷讓步自己想要之物。但假設時光倒流，以 50 萬美元買房，較似退步之舉，而不是機會。

泰勒與我帶著喬薇在當地公園散步，返家後，我再也抑制不了這種盤旋不去的疑慮。我跟泰勒說，花費 50 萬美元只為買一間房子，讓我覺得不自在，尤其是我們這麼認真看待 FIRE。我提出之前在加州所寫的生活品質清單，上面都沒提到任何具有大片窗戶的漂亮房子。能為我們帶來幸福快樂的事物，沒有一件需有拱形天花板或全新廚房。假如我們不夠小心，**夢幻房子其實反而有礙我們實現真正的夢想**。

泰勒說：「我也不能確定，就算在本德市負擔得起這樣的房子，以後是否真的會很快樂。」

她建議，或許我們需要繼續看看其他較能負擔得起的城市。畢竟，我們離開聖地牙哥，是為了逃離該地的高消費生活水準。而現在，我們的對話又回到原點，只是地點換成新城市而已。

我還沒準備好要放棄本德市，縱使我同意泰勒的邏輯：如果我們的目標反而回到過去的樣子，那麼，盡量搬到最便宜的

地方，盡可能買下最便宜的房子，就沒道理可言了啊！我記得布藍燈警告「別太過極端」。在日常滿足感與我們的 FIRE 計畫之間，要如何達到適切平衡？要怎樣做，才可盡量擴大儲蓄額，卻不會讓境況變得匱乏？**在「無謂的奢侈品」與「帶來真正快樂的購買物」之間，有什麼樣的差別？**

「財務獨立科學實踐者」播客訪談有一次訪問理財專家麥可・基奇斯（Michael Kitces），我想起他說的話。那時我只記得內容大意，不過，以下寫出那一集的完整段落：

「我花費大多數人生，最糟的時候是以 20％的收入支付居家費用。大多數時候，我的住家費用不到收入的 10％。一旦花費 10％以下的收入在居家費用上，關於是否要省下 5 美元喝星巴克咖啡等這些事，我覺得無傷大雅。我會去買咖啡來喝。為什麼？只要我想買，我就停下來，去買一杯來喝。我根本不在乎。只要搞定大額開銷，設法處理好反覆循環該買的物資，到那時候，就算偶爾放縱那麼一兩次，累計起來其實也沒什麼大不了。」

泰勒與我都很明白，一提到 FIRE，這些較大型的購買決

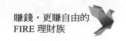
定真的就是「不成則敗」之事。強調是否亂花錢買昂貴名牌啤酒，是一回事；強調買房款項，則完全是另一回事。但正如基奇斯所說，**只要消除大型壓力，小型壓力通常也隨之消散。**

那棟房子不是解答。我打電話給房仲，跟她說我們撤回出價。泰勒與我一致協定，我們在夏威夷旅行期間，有必要考慮其他城市。或許本德市太夢幻了，終究無法美夢成真。

FIRE 故事 ⑤
不再沉溺消費文化，選擇真正的快樂人生

- FIRE 理財族：科羅拉多州丹佛市的漢娜（Hamah）
- 財務獨立前的職業：營養學家
- 目前年齡：36
- 預定的財務獨立年紀：46
- 目前的年度花費：50,000 美元

FIRE 對我的意義是？

　　某個 10 月的晚上，我的丈夫傑西和我在半夜裡匆匆打包私人物品，因為距離我家不到 1.6 公里之處爆發猛烈野火，我們盡速逃難。這場野火讓我們真實感受到人世無常，有助於放開原先想像的未來，開啟全新自我，迎接可能面臨的將來。我們決定，既然能夠拋下房子、放下高消費生活水準地區、放開我們我訂的工作，然後挑戰傳統的「成功」典範，我們也能開放心胸，探索一個更自由、更具探險性和成就感的人生。

我的 FIRE 之路

　　發現 FIRE 之前，我們與兩名子女住在加州索諾馬郡（Sonoma County）。雖然我們夫妻年收入超過 10 萬美元，卻

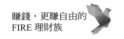
沒有多少錢。腦海裡只為自己描繪典型的未來：背負房貸、兩名子女、養貓養狗，每天辛勤工作，住在高消費生活水準地區。我們開始聽有關極簡主義和財務獨立的播客訪談，希望教導自己，學會過著更加貼近自我價值觀的人生。我們眼界大開，彷彿正在跳出盲目深沉的消費者迷夢。

　　那一次，時機差不多到了。某天晚上，我們醒來，聞到陣陣煙味，狂風正以每小時129公里的風速隆隆作響。跑出屋外，感受到熱風襲來，四周一片迷茫，只見天際一大片煙霧。受到本能驅使，我們決定逃離現場。

　　我花了幾分鐘時間，把一些值得紀念的物品和必要東西丟進行李箱裡。這時候，我以不同眼光，環顧四周物品：這個東西是否值得放進行李箱裡？10分鐘後，我們逃出房子。若將來回返該處，房子依然是否健在，或成為一堆廢墟？我們不清楚。這陣野火橫掃全鎮，毀滅了5千多戶住家。這是加州有史以來最具毀滅性的野火，而它與我們的房子相距不到1.5公里。

　　那一晚，我們有很多朋友失去一切。有些人甚至喪命。接下來幾星期，我們回到自己房子後，才真正領悟到：現在正是做出改變的時候了，因為世事無常，沒人保證明天狀況如何。

　　於是，我們丟掉了三分之二的東西、辭職不幹、賣掉房

子、離開家園，向親友道別，然後帶著兩名年幼子女出發（當時一個 7 歲，另一個年僅 1 歲），走遍全國，想找到我們的新家。四個多月後，我們駕車超過 17,700 公里，長途跋涉 26 州，造訪 5 間研究所，探視 14 位不同親友；進行所有這些事，每天總預算不超過 140 美元。帶著子女長途旅行這麼久，實在很辛苦，但也是必不可少，因為這強化了我們的家庭羈絆。我沿途接受工作面試，在丹佛市找到很棒的工作機會，因此結束了我們的旅行。

概略說明

- ✓ 年輕之時，我們做出合理的財務選擇，但卻以相當典型的方式展開旅程。

- ✓ 我們以 38 萬美元買下第一間房子，四年後，以 60 萬美元買出。部分原因是由於那場天災造成房屋數量減少，房價反而高漲。

- ✓ 離開加州後，我們日漸接近財務獨立，不過還差 7 年到 8 年的時間。

- ✓ 我們自認已經展開這條 FIRE 之路，也覺得還有許多事要學。

最難的事

我們領悟到財務獨立旅程的內容包括：賣掉鍾愛的房子、拋下親戚朋友，只為找到具有更佳工作機會且成本較低的地區。我們原本預想在那間屋子養育子女、就地養老，所以，賣掉那間房子，是我們面臨到最難的其中一項步驟。我們對接下來的舉動（以及賣房所得收益）大感振奮，也支撐著我們，但所感到的損失和悲傷也歷歷在目。

最棒的事

覺得自己有所選擇，自行作主創造想要的人生，依循自己的夢想和成就感，而非仰賴空虛的消費文化前景。

給各位的建議

欣然踏出舒適圈且承擔風險，能夠敞開可能性，引領你接近真正想要的未來。

第 12 章

FIRE 社群不分男女老少、
種族、信仰……

　　泰勒緊張地問我：「你確定這條路沒錯嗎？」我們離西雅圖東方 5 公里，而我們的路線從高速公路轉進兩線道的公路，再轉入一條蜿蜒的鄉間小路，路旁有森林遮蔽，這裡收不到手機訊號。

　　那一天是 2018 年 5 月下旬，我們正要前往「錢鬍子野營」（Camp Mustache），這是錢鬍子派的年度聚會，而我很擔心，自己說服泰勒參加這個活動，是否會不合她胃口。

　　過去兩個月以來，我們一直待在考艾島（美國夏威夷群島之一），為泰勒家人的某些朋友照看房子。無奈命運捉弄，我們的旅行碰巧遇上該島有史以來最大的豪雨，造成巨大的土石流和山洪暴發，許多道路和海灘都封閉了。因此，我們無法照著計畫走，沒有享受到天堂般的恬靜風光。

　　原本計畫每天享受海灘生活，以夏威夷天然美景自我娛樂，藉此把錢存下來。由於暴風雨造成重大挑戰，接下來的幾週，我們只能困在友人家裡，感到非常沮喪；由於預算之故，我們無法出門看電影散心，也無法像平常一樣出門用餐。我們一度崩潰，前往某家美食餐廳，花了 100 美元吃海鮮大餐。這

頓大餐美味極了，所以我們沒有滿肚子懊悔，只是有點懊惱浪費預算。

既然我們打算待在夏威夷直到 6 月，我們原先並未計畫前往「錢鬍子野營」。況且，我們也不可能有機會買到入場券，60 個售票地點在幾分鐘內就全部售罄。後來，其中某個參加者突然必須出差，所以把他的兩張票轉售給我們。我們覺得機不可失。我們已經準備離開夏威夷，也需要一劑鼓舞力量，幫助我們堅守新的節儉預算。我們利用某些舊有的信用卡紅利積點，預訂一趟班機到西雅圖塔科馬國際機場（Sea-Tac），把喬薇交給泰勒的父母，然後從西雅圖開車出發，與一群 FIRE 愛好者共度週末。

終於快到了，車子的前燈照亮碎石路旁的小型木製標牌，不久之後，我們把車停在一間大型木屋前面，抵達營區。

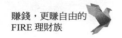

▋錢鬍子派人士 ▋

正式來說，「錢鬍子派人士」是指遵循「錢鬍子先生」彼特，所撰寫文章內容的人。在 FIRE 社群裡，「錢鬍子派」（Mustachian）標籤代表某種思維方式。錢鬍子派人士遵守彼特文章所列的指引，非常省吃儉用，目標是要把年度開銷維持在 40,000 美元以下。他們努力將每日消費降至最低，範圍從削減消費開支到購買省油車都有，或乾脆全然放棄開車，甚至在冬天不開暖氣，以減少電費用量。他們所做的決定都符合自身價值觀，而非受到主流文化影響。

他們覺得「自己動手做」（DIY）很有成就感，深感自豪，不論是自己修車、使用信用卡紅利點數換取旅遊費用，或是裝設太陽能板等，都是如此。或許，錢鬍子派主義（Mustachianism）其中一項基要準則，是做出人生決定之時，要理智清醒、考慮周全，不論是買賣房子、健康醫療、度假旅遊、與人為友等都是，而且務必總是將幸福快樂最佳化。

在「享受」與「工作」之間找平衡點

一開始拿到錢鬍子野營入場券，我決定帶著製片團隊去做訪談。該項活動有為期四天的研討會、群組討論、登山健行，還可與其他錢鬍子派人士相處。這是完美機會，可以訪談一群「展現自我」的 FIRE 人士，進行拍攝。我花費好大力氣才有辦法說服活動策畫人，最後他們答應讓我的 5 人小組（包括導演崔維斯）在某一整天可以進來這個僻靜處。

錢鬍子野營也讓我與泰勒有機會結交新朋友（但願如此）。我知道有必要與一群 FIRE 追尋者為伍，同時尋求道德面與運籌面的支援。我們時常覺得悖離主流、逆勢而行，十分辛苦。這群人習慣在家用餐、在當地舊貨商店購物，他們覺得完全沒甚麼大不了，而我們與他們相處，總是感到輕鬆自在。再加上，每當我們認識了 FIRE 社群裡的人，都能學到新東西，了解他們的瘋狂探險。

這處僻靜中心是一間大型木屋，藏身在樹林裡，有會議空間、食堂，以及兩層樓高、像是宿舍風格的雙人床房間，內有共用的浴室。這棟木屋周遭是幾公里長的健行步道，還有一條

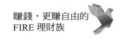
溪流，有瀑布和游泳處。然而，活動簡介清楚說明無法保證人
人皆有單獨房間，就算夫妻一起參加也是。我一開始告訴泰勒
這件事之時，她給了我一個「死都別想」的臉色。

我跟她說：「這是世界上最大的錢鬍子派活動！」

她回答：「他們又不差我一人，我不想住在森林裡，與陌
生人共處一室。」

我向泰勒承諾，萬一沒有單獨房間，我們會睡在車上的睡
袋裡，而她很不情願地同意了。謝天謝地，我們不必一試這輛
小型休旅車的睡眠舒適度，我們獲得一間舒適的二樓房間，窗
外可以看到小溪和森林，沒有其他室友。

我們把房間安頓好之後，前往大型會客廳，裡面滿滿都是
人潮。有些是熟面孔。彼特正在露天平臺上，大概是在招呼老
朋友；薇琪·魯賓正在接待成批充滿敬畏之情的崇拜者。但是
大多數人我都完全不認識，他們彼此擁抱、歡笑、打招呼，彷
彿看到久未見面的老友。

泰勒小聲說著：「我們有帶酒來嗎？」我默默點頭。雖然泰

勒同意前來，她並未確切熱衷錢鬍子先生的信條，甚至對他本人也不感興趣。事實上，當她在厄瓜多爾首次看到彼特，她捶了他胸口一下，說他的文章太過批判了。總體來說，她發現錢鬍子派的生活方式太過極端，不合她的胃口。所以，在整整四天裡，身邊圍繞著 60 位錢鬍子派中堅份子，她要如何應對？有些人來自西雅圖和波特蘭，但大多數人遠道而來，有人來自加拿大、芝加哥、德州、密西根州、維吉尼亞州，甚至以色列。

晚餐後，有半數的人先行就寢，而另一半的人（包括泰勒與我）前往營火晚會。我開始與艾德麗安（Adrienne）和亞當（Adam）交談，他們是一對處於「半退休」狀態的夫妻，已經辭去工作，駕駛自己的露營車，遊歷全國長達一年，到處打零工賺取額外金錢。艾德麗安解釋：「在『享受當下』與『繼續工作』之間，我們努力找到平衡點，邁向完全的財務自由之路。」隔著營火，泰勒正在與人交談，對象是一名目前在亞馬遜網站工作的女性，泰勒談及她以前任職微軟時的歲月。那位女性說她之所以想要財務獨立，並非不想工作，她熱愛工作，而是她想建構自己的事業，卻不想讓家庭處於財務風險之中。看到泰勒找人聊天，我大感寬慰。

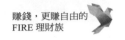
　　那一晚，泰勒與我躺在床上，我們彼此笑談，在這麼短的時間裡，人生居然變得截然不同。我們不但自願花費四天時間，身處森林之中，與一群反對消費主義且注重財務的人相處，而且他們其實宛如同道中人。

▌換泰勒來說：錢鬍子派與化妝品 ▌

　　整趟旅程以來，我總覺得自己格格不入，非常掙扎。我是個道地的加州女性（從西雅圖女孩變成加州女性，不過這也算啦！），我以為這些「喜愛森林的節儉人士」會批判我太過拜金主義，或說我太過注重外表。若要我改變自我才可讓這種生活方式行得通，簡直是生平最大恐懼，而我才不想這樣做呢！

　　體驗錢鬍子派野營，我看到 FIRE 生活方式吸引了各式各樣的人。當然有某些人剪短自己頭髮，也有位高權重的女性帶著名牌皮包。這項運動無關批判，而是有關做出「刻意選擇」（intentional choice）。

　　足以令人驚奇的是，到頭來反而是我自己改變了想法。我終於明白，比起穿戴昂貴服飾，享受美食美酒對我而言更加重

要，況且我是在家工作！現在，我寧可花費更多預算擁有舒適的家，而且要削減服飾與化妝品的費用。

錢鬍子派野營的人說出各式經歷，這是其中一項最引人入勝的事。有些參與者早已財務自由多年，有點不好意思地坦承自己其實不再討論或思考錢財，他們只是想來參加社群而已。其他人才剛聽聞 FIRE 不久，依然滿腦子想著怎樣才可削減開銷。有些參與者單獨前來，說他們無法說服配偶加入。大家的標準自我介紹就差不多是「嗨！我的名字是某某某，我大概還差 5 年就能達成財務獨立。」若有人提起自身職務，通常是事後才想起來。看起來似乎沒人真正介意其他人從事什麼工作。

在起初 24 小時內，我聽到有人提到郊區多筆土地買賣轉售的事（我心想，繼續說吧！）；有人說他吃蟋蟀補充可再生的蛋白質來源（實在聽不下去）；還有人說如何累積紅利積點出門旅遊（這就對了，請繼續說）；更有人說要找一個懂得 FIRE 怪僻的會計師（鐵定要這麼做）。很多人談到自己的掙扎過程，例如：覺得自己像「小氣鬼」；或是想找人約會，卻還

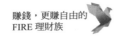
得同時努力存下 70% 的收入等。儘管人人頗有相似之處，譬如有很多人是工程師、已婚夫妻、二十多歲單身人士等，但人人皆有不同的 FIRE 故事。

研討會涵蓋的話題包括：家有小孩，如何達成財務獨立；投資商業不動產；運用地理套利，儲蓄醫療保健費用等；還有不同的支取錢款策略，確保將投資額擴至最大。每項研討會皆由某位參與者主持，保持 FIRE 社群一貫低調的民主性質。沒有長篇大論報告、簡報、麥克風。只有一群人圍坐一圈，彼此談話、交流學習。

第一天，我坐在一個談論圈裡，聽聞 FIRE 事務和基本人權；薇琪・魯賓在此提到，只要聯合起來，我們這群提早退休人士或許可以造成巨大衝擊，帶來社會轉變。我們討論許多想法，像是健康保險創舉、政治遊說、在小學推廣理財素養等。這些會議不僅注重錢財而已。

喬（Joe）是錢鬍子派野營策畫人其中一員，某次我參加他所主持的會議，主題有關「冰人呼吸法」（Wim Hof Method）的基本原理。文恩・霍夫（Wim Hof）又名「冰人」（The

Iceman），他證明可以運用呼吸技巧控制自身神經系統和免疫系統，以此抵禦酷寒，例如：穿著短袖衣物攀爬埃佛勒斯峰（Mount Everest）。這跟財務獨立有何關聯？某個參與者突發奇想，說：「這是有關控制自身健康。」另一位更直接指出箇中關聯：「錢鬍子派主義有關把幸福快樂最佳化，這也是文恩·霍夫所做的事，只不過方法不同。」

FIRE 原則包括投資自己珍視之物、省略不重要之事、莫要煩惱是否與人互別苗頭、不要盲從當前現況。看到這些原則也同樣適用於人生其他面向，像是健康、福祉、心智韌性，也著實引人入勝。

彼特的作風一如科羅拉多州那次派對，在大家談話圈子的外圍輕快走來走去。他不以「大師」之姿中途插話，也沒有在第一晚站起來歡迎所有野營人士，相反的，他通常躲在室內後面，喝著啤酒，或與某位錢鬍子派人士低聲閒聊。

事實上，我後來得知彼特甚至不是活動策畫人其中一員。他僅是一位參與者，就跟其他人一樣，報名參加活動而已。整個週末都看得到他出現，我突然想到，他確實過著真正自由的

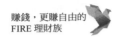
人生，不僅財務自由，社交也很自在。他似乎根本不介意別人
怎麼看他，即使身處死忠粉絲群裡，依然覺得自在，這點真是
再明顯也不過了。

FIRE 理財族總是剛毅果敢、全心投入

到矽山（Mount Si）健行，是這次活動最精采的部分。
整個週末裡，前幾年有去過的參與者熱烈討論這次健行。這
趟往返旅程有 12 公里，時常用來訓練那些打算攀登雷尼爾山
（Mount Rainier）高峰的登山客，因為在短短 6 公里之內，健
行路徑一路攀升了 914 公尺以上。有人可以在 4 小時內，輕鬆
自在完成此行，而有人直到天黑才有辦法漫步回來，一切端視
個人體適能程度而定。錢鬍子派野營甚至有一條規定：要留一
盤食物，給那些沒有及時回來吃晚餐的人。

我已經注意到，**FIRE 理財族高度重視的特質是剛毅果
敢、堅忍不拔、全心投入**。尤其是錢鬍子派的人更是如此。若
有人在冬天穿了 4 層衣物，會被大家取笑，因為他們特別耐
寒，即使雪深 30 公分，依然每天騎腳踏車去工作。營區裡有

極端的錢鬍子派人士，當然也有我們這類「循規蹈矩」型的夫妻，就跟常人一樣，住在相當一般的屋子裡，在冬天開著暖氣，保持舒適的攝氏 20 度室溫。然而，對於野營參與者來說，這場活動不僅是健行而已。這是一場耐力測試，有機會享受戶外時光，也象徵了我們所處的旅程：堅苦卓絕，富有收穫。

一般情況下，特勒與我渴望接受體能耐力挑戰。可是正當大家出發健行時，我們選擇返回，不去健行了。我們想拍攝幾項訪談，也想與薇琪聊聊近況，我們也想擁有短暫片刻與自己相處。錢鬍子派野營的活動一波接著一波，自從抵達後，我們幾乎沒有機會獨處；打從展開財務獨立之旅以來，我們經歷到的變化大多是這種樣子。

現在我們更懂得質疑活動或決定，不像以前那樣盲從。我們是真的想要登山健行，或是坐在太陽下，平靜共處？我們是否真的需要全新手推車，或者喬薇可以繼續坐原本的手推車，再使用一年？是否真的需要夢幻房子，或是可以在較為適中的地方安頓？剛開始之時，我們只想針對財務更加刻意而為，但持續所得的收穫不只這些。關於如何花費時間、該與誰往來、如何談論人生等，我們也變得更加深思熟慮。這種變化真是

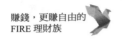

「無心插柳柳成蔭」，非常激勵人心。我們漸漸變成自己期望中的人。

那一晚，我們圍坐營火四周，看著健行的人一個個回來，他們渾身疲憊，滿身大汗。大家彼此擊掌慶賀，說著自己有多麼想折返原路回來，但團隊其他成員勸服他們持續前行。某位健行者說：「我以後不做這種事了。但很高興自己走了這一遭。」另一名健行者很驕傲地說，這是她第四次攀登那座山。

此時此刻，眾人平靜祥和，圍坐在火堆前面。我環顧數十位錢鬍子派人士，不論老少男女、各式體型樣貌，皆與我們一起邁向旅程。我們來自世界各地，有各種人、各類信仰，卻都渴望相同的事，希望能多享受這般時刻。

第 13 章

財務自由，
你有你的步調與路徑

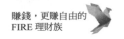

　　我正在寫本書最後一章，地點是在本德市自家的辦公書房。從窗戶看出去，可以看到一大片高大茂密的黃松樹，一路直伸至美麗的蔚藍晴朗天際。今天，本德市所有人幾乎外出活動去了，騎腳踏車、健行、游泳或跑步。等我寫完這一章後，我也要去戶外活動，帶著喬薇騎腳踏車，到鄰近朋友家中，跟其他小朋友一起玩耍。

　　這一天是 2018 年 8 月 8 日。距離泰勒與我開車最後一次遠離聖地牙哥那一天，已經有一年之久。當時我們決心找到一個更簡樸自由的新生活方式。在過去 12 個月以來，我們已經放棄一半以上的個人物品，存款率達到收入的 70％以上，離開原先的夢幻城市，來到新城市。

　　這一年來有興衰起落，高低起伏。在優勢方面，我們見到自己的淨值超過 30 萬美元；認識一些 FIRE 英雄，拍攝一部紀錄片，結交新朋友，到厄瓜多爾旅遊，並且花費寶貴時間與家人相處。不過，我們也很想念柯洛娜多島的朋友。有時，覺得自己是新生活方式的怪咖，連續睡在沙發和摺疊床好幾週，納悶自己是否做出人生最大錯誤，有時甚至還忍不住掉進過往的物質主義陷阱。

上個月，我們的紀錄片拍完最後一段場景。那是苦樂參半的時刻，輕鬆無比，卻又覺得悲傷。將近一年來，泰勒與我一直面對鏡頭，十分厭倦攝影機了。原本沒預料到面臨這種干擾。成為影片裡的主人翁，有時需要我們反思自省，可是我們寧可東張西望，或乾脆關掉自己腦袋算了。不過，製片團隊也變得像家人一般。喬薇知道每個成員的名字，喜歡把他們記在心裡，跟我們說：「喬治泡了一杯茶給我喝喔！」或要求「齊比，我們再來去公園玩吧？」

我們舉辦非正式的殺青慶功宴（一旦拍片結束就舉行殺青慶祝會，這是業界傳統），我們的攝影總監雷（Ray）給我一些椰棗起司培根卷（Bacon Wrapped Dates），然後說：「通常如果某部片拍了超過一年，我們很怕最後幾個畫面拍不出來，想著『趕快了結一切吧！』但我總是很期待這部片的畫面。我會懷念這一切。」我環顧餐桌，邀請大家來吃。這是家族聚會，我們將深深懷念這個大家庭。

上次撤回了「夢幻房子」的出價，泰勒與我曾經考慮搬到清單所列的其他城市，但最後依然決定本德市是我們的歸處。在 7 月，我們搬進一間美麗的屋子，房價是 42 萬美元。我們

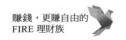

不再渴望持有「夢幻個人物品」，不論是房子、車子或電器都
是，反而認為活出夢想人生才是值得。我們的新家大小適中，
約有 42 坪、三房空間，地點位處繁忙路旁，沒有後院。但這
間房子是在我們預算內，僅需步行即可到達商店和咖啡館，也
有車庫存放腳踏車和戶外裝備。

FIRE 之道全都事關折衷讓步，務必將終極目標謹記在心。
要捫心自問：「這項購物是否如同財務自由一樣重要？」如果
不是，請把物品放回架子上。

現在，我們在本德市安頓下來，已經結交新朋友。喬薇開
始就讀幼兒園。我們調整生活方式，僅留一輛車，甚至設法存
下足夠的錢，將我們的 FIRE 日期盡速提前一年。

我們目前進度如何？在此扼要重述當時概況，並且摘要說
明現況。在科洛娜多島，泰勒與我的年度稅後淨收入總額是 14
萬 2,000 美元，而我們的平均生活開支是 12 萬美元。

退休年齡：34.3 年後

存款率：16%

年度開銷：120,000 美元

年度存款：22,000 美元

每月開銷：10,000 美元

每月存款：1,833 美元

假設一切都沒改變，我們無法達到財務獨立，直到我滿 72
歲而泰勒年屆 71 歲為止。到時候，喬薇已經 41 歲，說不定有
她自己的小孩了。

以下是我們目前在本德市的生活方式，力求 FIRE：

退休年齡：10 年後

存款率：58%

年度開銷：60,000 美元

年度存款：82,000 美元

每月開銷：5,000 美元

每月存款：5,833 美元

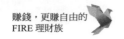
達成財務自主，才能真正釋放自我

距離財務獨立，我們又提早了一年。泰勒與我維持相同的收入水準，若以我們目前的存款率來看，在我年約 44 歲且泰勒年約 43 歲之時，我們將會達到財務獨立。屆時喬薇才 13 歲。如果繼續保持下去，在不久的將來，退休指日可待。目標不再遙不可及。這帶來力量，也給我們興奮的獎賞感，現在盡可能擴大我們的賺錢潛力。我們做得愈好，就愈快掌控一切。覺得財務自由日益接近，足以讓我實際一嚐箇中滋味了。布萊德·巴瑞特曾經跟我說：

「每天早晨，我深刻體會自己有多麼幸運，每天有自由可以帶小孩去公車站，看著孩子們上車出發。每天晚上，我能夠坐下來，陪著他們寫功課。我還有自由，可以隨時當學校志工。我知道自己實在好運。大多數中產階級近郊的家長差不多每週工作 40 到 50 個小時，還加上通勤時間。我的通勤僅到公車站為止，只需在路上走 100 步左右，這就是我們每天早上所做的事。我們大力擁抱，揮手道別，真是魔幻時刻，每天早上都是如此。」

我等不及要多花閒暇時間陪伴喬薇了。現在已經看到，我們有了新近的財務緩衝，壓力大為減少，使泰勒與我能夠和女兒一起共處。

當初發現 FIRE，我們的淨值大略是 19 萬美元。從那時起，我們的投資額和淨值日益增長。我們設法存下大約 60,000 美元現金，當初為一整年公路旅行編列預算之時，這就是我們原本預計的數目，因此能夠以此支付買房首付款。我們深愛這間房子，打算住在這裡至少十年。還有剩餘款項當作健全的緩衝額，不致於使我們徹夜難眠。我們愈是把焦點放在珍視之物，所花的錢就愈少，情況看似如此。所以，我們每月的存款率遠勝以往。這對我們是全新的自由，由衷大力推薦。

進一步澄清以上數字與我們目前的財務狀況：在我們的原始清單上，本德市無疑是其中最貴的城市（我居然不感意外），而我們有意識地做出決定，為本德市提供的生活方式稍微多花一些錢，也削減了其他方面的開支。當然，我們曾經差點失心瘋而買下遠超乎預算的房子，可是後來懸崖勒馬，靜靜耐心等候適當房子出現。

　　現在，我們的房貸月付金是 2,400 美元，與我們原先的預算相差無幾。從各方面來看，我估計我們的年度預算介於 50,000 美元與 60,000 美元之間，所以我是用這個退休計算器有點高估預算。我們所花的錢也可能低於 60,000 美元，但即使不是如此，我們能有 58%的存款率，也足以覺得自在。簡直興奮到快瘋了！

　　回首來時路，再看眼前路，渾身滿滿自由之感，筆墨難以形容。FIRE 之道效果恢弘。

　　我們也開始捫心自問，達到財務自由後，人生想做何事？泰勒想住在義大利幾個月，學習彈鋼琴，於地方安養院擔任志工。我想專心致力於環保奮鬥目標，創立一個播客訪談，由我父親和他朋友口述古老故事內容，說說他們在特種菁英部隊裡的經歷。

　　誰知道呢？說不定我也會創立一個有關 FIRE 的播客訪談節目！我們也列出清單，前往各處旅遊，還想探視所有新認識的 FIRE 朋友。在播客訪談「一切負擔得起」，寶拉曾經說過：

　　「達成財富自由的人，通常很有雄心抱負。一旦達到財務

獨立，不再只是為了工作而活。**有了多餘時間可用，花費生命在意義深遠的事務上，不論是要出唱片、學外語，或讓小孩在家自學都可以。**達成財務獨立後，不少人從事各類創新企畫。依我之見，只要可以發揮創造力和創新能力，而且不需為每月帳單發愁，即是真正釋放自我，迎向更大膽無畏的形勢。」

附帶一提，我們許多親友也開始覺醒。舉個例子，賈吉重新規畫自己的財務狀況，擬訂計畫，加速償付那艘新船的餘款，並且計算出他可以提早十到十五年退休。他最近還問我國際指數基金相關事宜。我們與好友分享自己的 FIRE 故事，也看到其中不少人加入財務獨立之路。就連我的父母也更加謹慎考慮投資作法，注意自己的開銷花費。一如「選擇財務獨立」播客訪談的布萊德和強納森所言：「FIRE 之火無盡燎原。」

財務自由的人生並非遙不可及

就許多方面而言，我們的故事很普通。泰勒與我是相當一般的美國中產階級夫妻。我們的成長環境無憂無慮，有相當大的野心和期許，認為我們的人生將會充滿「合理」的奢華、探

險和成功。在大多數情況下，的確是這樣沒錯。**我們沒預料到的是，這些奢華、探險和成功必須付出不少代價，而日復一日支付這類開銷，只會開始抑制我們實質享受人生，沒有時間和自由來活出自己的人生。**

這不僅是攸關幸福快樂，若繼續過著壓力龐大的消費主義生活，將會耗盡我們的時間或精力，無法注重子女教養或聚焦於珍視的奮鬥目標。我們決定反其道而行，做出改變，驟然轉身，拋卻時下狀況。

多數時候，我們密切遵循 FIRE 架構。探詢房價較低的屋子；擺脫車貸，用現金買一輛價廉物美的汽車；現在更加經常在家烹飪三餐；削減奢侈品開銷，譬如昂貴酒類、健身房會員資格、SPA 水療預約、給別人精美禮物等等。永無止盡的紙箱包裹不會一直出現在我家門口了。我認識好幾千位 FIRE 追尋者，他們也有類似故事，也做出相似的人生抉擇。主要差別之處在於：我們以一整年的旅程展開此道，以書籍和影片紀錄其中過程。

如果你已經身處財務獨立之路的途中，你也有自己專屬的

故事。對你而言，達成 FIRE 之道，可難可易，或看起來截然不同。不過請千萬明白：你並不孤單。撰寫本書，我的目標不是要以我家為模範，教人如何達成 FIRE 或以某種「特殊」方式做出人生抉擇，或是教人達到極端節儉的頂峰。我們意不在此！其他人遠比我們更加省吃儉用。

事實上，我的目標恰好相反：我只想顯示一個相當典型的 FIRE 旅程，內含所有典型的焦慮、歧見、協商和錯誤，而我想像得到，許多其他人也將預期或甚至恐懼這些事的發生。我希望各位看到，**只要能夠量入為出而且不過度消費，財務自由的人生並非遙不可及，而是人皆可得**，不論你是 Google 資深副總或地方咖啡店的咖啡調理師，不管是住在高消費水準城市或低消費鄉村，都是如此。

為求達到 FIRE，不一定非得遊遍全國或辭職不幹，也不須做著自己不願意的事！僅須把「己欲之事」與「開銷方式」校準一致即可。知易行難，但願此書提供佐證，使各位明白自己也可能辦到。

跌跌撞撞踏進 FIRE 社群，是我此生最值得的其中一項經

歷。那一年很艱辛，卻令人驚奇萬分。即使驀然回首最糟時刻，我依然深懷感激，能有機會轉換人生跑道，終至達到此般境地。

現今，我很納悶，假如當初沒有離開科洛娜多島、沒聽過錢鬍子先生這號人物、無法說服泰勒加入這項探險，我的現況會是怎樣？可能依然陷入類似迴圈，因負擔巨大財務壓力而深深喘不過氣。

這趟旅程事關財務，也是攸關金錢買不到的事。這是有關**找出工作之外的生命意義，以及把錢用來當作工具（我偏好把錢當作韁繩），駕馭日常生活的意義**。此即是 FIRE 美麗之處，一旦看清自己如何受困於奢侈的消費主義生活，就再也無法視而不見。

事實上，消費主義隨處可見：慣常的假日派對、路旁的汽車融資廣告看板、一輛接一輛的通勤車流、沿路出現的新式巨無霸豪宅開發建案、每週日晚上莫名出現的憂傷情緒等等。同樣的，一旦嘗到真正自由的生活，不受時程表束縛、不為五斗米折腰、不在乎職位升遷，就再也無法停止品嘗。只要自問這

個最重要的問題「我要拿時間來做什麼？何事讓我最快樂？」
你再也無法忽視內心答案。

但願各位考慮運用 FIRE 架構到自己人生裡，覺得有必要
接觸這個了不起的社群。我們遍及全球，以不同步調前進，採
行不同路徑，但我們自問過相同的大問題，足以撼動人心、**翻
轉人生**：距離財務自由，還要走多遠？

成為 FIRE 理財族的七步驟

　　遇到剛開始聽聞 FIRE、渴望展開 FIRE 的人，他們通常問我：「首先我該做什麼？」按照吉姆・柯林斯的宣言，簡要說明 FIRE：「開支不超過所得，且將盈餘進行投資，而且避免堆債。」不過，有些人（包括我自己在內）喜歡較為步驟化的指南。我有機會認識並訪談數百位 FIRE 理財族，因此彙編這份常見步驟清單，可供大部分的人採行。這只是一份指南，所以請使用你認為有用的內容，可自行改善其餘部分。

步驟 1　計算你有多少錢

　　判定你的淨值。這項實務可能痛苦難當，但絕對必不可少。你的淨值包括你所有的資產（現金、銀行帳戶、退休基

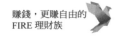
金、投資項目，以及諸如房子車子之類的有價物件）減去你所有的負債（就學貸款、消費貸款、車貸、房貸等）

步驟 2　計算你的開支額與儲蓄額

你的錢花到哪裡去了？看到花了多少錢在日常開銷，譬如食物和瓦斯費，大多數人深感震驚，我就是如此。可是我必須了解金錢去向，我才有辦法做出明智的開支變更。關鍵在於「追蹤」。沒錯，要追蹤每分每毛錢。你可用紙本記帳，或使用網路記帳追蹤軟體，如 Mint、簡易預算計畫（You Need a Budget）、個人資本（Personal Capital）等。

要確定自己一貫堅持下去，至少追蹤 90 天，確保自己精確加快發展速度。另外，也要使用「退休計算器」來計算。輸入你目前的資料，創建一份自認可行或值得運用的模擬預算。看著那些「為五斗米折腰」的歲月逐漸消失吧！事實證明，在初期之時，這項誘因系統對泰勒與我都很有效，非常不可思議。

步驟 3　減少日常開銷

　　要迅速增加儲蓄率，最簡單的方式就是削減小額事項，例如：有線電視帳單、清潔服務、每天的咖啡費用、電話費帳單、網路費、美酒俱樂部、健身房會費。所有這些項目總結起來，成為相當可觀的每月開支金額。切記，**這並非要剝奪你自己重視之事，而是要做出符合自己價值觀的決定。**以每週為基準，思考寫出自己的「10 件快樂事項清單」。一路以來，我們獲得另一種厲害訣竅：如果你是網路購物者，先將待買物品放進購物車裡，等候三天。

　　三天後，如果依然認為有必要購買那件物品，或許大可買下去！過去一年來，這個方法幫我跟泰勒省下好幾千美元，尤其是在我們遷徙期間。

步驟 4　縮減大三元──居家、交通、飲食

　　為了真正產生可見的儲蓄率進展，你必須處理某些重大變化，例如：找室友同住；縮減空間，改住小房子；購買二手車；利用大眾運輸通勤上班；在家烹煮三餐。總結起來，這些變化

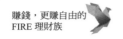

可以增進你的儲蓄率，高達 30％或更多。可以先從小事著手，但是「快刀斬亂麻，長痛不如短痛」才會更加奏效。如此一來，才不會再三拖延。步驟四很嚇人，也需要最重大的改變。所以，除非你行有餘裕而且能自在理財，否則不建議倉促進行這項步驟。步驟四也可能是最刺激的一步。這是大好機會，認清自己的人生是否契合你的新目標！

步驟 5　要讓存款為你工作

你的錢躺在銀行帳戶裡，每分每秒都使你錯失機會，無法讓錢為你工作。不論是否正在償付高利率債務、投資於指數基金（或其他基金）或是購買不動產，你的錢理應獲得最大程度的報酬。

步驟 6　增加收入

如同我們的作法，許多 FIRE 部落客也分享自身經驗，想辦法賺取額外金錢，探詢廣告、工具或附加行銷連結。有了額外收入，更快達成 FIRE。就算沒有必要增加收入，一旦發現自

己沒有其他開支可以刪減，大多數身處 FIRE 之旅的人到頭來終究把焦點放在收入成長，以便增加儲蓄率。為求賺進多餘現金，可以透過傳統上班方式進行、自行創業當作兼職、打零工賺錢等方法。

步驟 7　找到 FIRE 理財族

買回自己的時間，可是卻不須花時間在某人身上，又有何意義？要讓同道中人圍繞自己身邊，而且他們與你有類似共同價值觀，這對堅守 FIRE 之道而言極其重要，尤其是在舉步維艱的時候。「選擇財務獨立」播客訪談和「錢鬍子先生」網站都有論壇可查。至於現實生活裡的會議，幾乎全球各地都有FIRE 群組。

謝辭

　　我反思這項經驗從中所學的事，腦海不斷浮現這句格言：「施比受更有福」。我很早就明白，若無眾人幫忙，我無法完成本書撰寫、拍攝影片、舉家搬遷至另一州。我的妻子憑直覺就能明白，若對自我期許太高，將會陷入危險境地。她向我保證，不管這項行事的結果如何，她都覺得人生已漸入佳境，因為已經發現 FIRE 之道，而假如事情無法奏效，她對我的愛意也不會減少一分。畢竟，我們總是有辦法回去上班工作。

　　事實證明，FIRE 理財族的社群極其不可思議地慷慨大方，看看無數部落格和播客訪談就知道，他們以文書記錄、制定策略，列出最佳實務、戰略和技巧。所以，與其全然注重這項專案對我們多有幫助，我睜大眼睛，留意我能施予何事。我費時尋找共生關係（symbiotic relationship），同時強調施與受之間

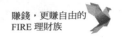

的平衡。但實際情況卻辦不到，因為大家為這項專案奉獻心力，恩情浩瀚，我本人再怎麼回報都不夠。打從一開始，我們受到各方的愛與支持，我永遠感激萬分。這份「施予」的力量、我人生所見的了不起人士以及 FIRE 全體社群，對我而言皆具特殊意義。

喬薇，這一切全是為了妳。但願妳能從我們分享的內容汲取教訓，加以運用，活出自己最棒的人生。我永遠愛妳。至於我摯愛的，美麗優雅的妻子泰勒，妳打從第一天起，一路支持我和這個瘋狂點子。感謝妳這次沿途陪我徹底實行。妳是我在世上最愛的伴侶。我愛妳。

我也感謝萊拉和湯姆・里基茨（Lila and Tom Rieckens）夫婦，你們促進了我的創造力，總是任憑我展現自己。你們的愛總是持續不斷且屹立不搖，讓我堅守明智判斷力。感謝你們對我有這麼高的期許。我愛你們。感謝珍・史考特（Jan Scott），您一直都很了解我。您是家族裡的先知，也是最佳岳母，更是人人冀盼的導師。至於岳父蓋瑞・史考特（Gary Scott），但願我能像您一樣，為女兒樹立良好模範。感謝您總是給予我們所需信心，使我們大步向前。

　　還有瑪西（Marcie）、查爾斯（Charles）、馬森（Masyn）和艾拉‧格倫（Ella Glenn），感謝各位持續不懈的支持，我們才有辦法追尋這次的人生大轉彎。

　　艾瑪‧帕蒂（Emma Pattee），你的才華沒有極限。你跳槽接受這份工作，我總是心懷感激。你讓一切充滿樂趣，我實在有夠幸運能與你為友。馬特‧布蘭德（Matt Brand），你引燃了這項專案的進程，沿途向我顯示如何真正胸懷大志、勇於夢想。至於曾雷（Ray Tsang）以及整個「就在當下」（Only Today）製片團隊成員，在整趟旅程中，你們是最慷慨大方的夥伴，還教我把目的列為優先。你們所辦的野外燒烤派對真是好極了！

　　布萊德‧巴瑞特和強納森‧門多薩，你們打從一開始就陪在身旁，由於你們永恆不朽的信任、熱忱、支持和願景，這項專案才得以化為可能。親愛的朋友們，FIRE 之火無盡燎原。至於傑森‧加德納（Jason Gardner）與新世界圖書出版社（New World Library）的每個人，很榮幸與各位共事。感謝大家相信我的願景，澈底實現。

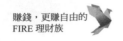
　　接下來是崔維斯‧莎士比亞（Travis Shakespeare），感謝你總是緩解我緊張不安的情緒，幫我們料想前方有何障礙，同時小心負責處理我們的故事。我何其幸運，這趟旅程能有你陪伴前行。

　　感謝彼特‧阿登尼，在我最需要的時候，你總是給我一記當頭棒喝，從未躊躇隱瞞。布藍登‧甘奇，我知道你非常重視寶貴時間，而你居然為我貢獻許多寶貴時間，我喜出望外，樂意花費一生時間償還。感謝薇琪‧魯賓，我絕不會忘記惠德比島那個美妙的一天，我們覺醒了。感謝您那次畢生難得的會談。我們不會就此打住，我向您保證。

　　羅德里戈‧考爾德倫（Rodrigo Calderon），在我需要你的時候，你適時出現，帶來只有你能描繪的人生願景。你一向體貼他人，而且非常謙遜。你獨樹一格，真是我的死黨好友。感謝馬爾科‧科雷亞（Marco Correia），你總是在有需要或有機會時採取行動。你也是超讚的人士之一，我的朋友。期待你競選總統大位。

　　感謝吉姆‧柯林斯，你寫了一本最棒的投資操作書籍，還

提供導引、歡笑與支持。這些都是一流的。感謝麥特・林基（Matt Rinkey）以及「光明財富」（Illumination Wealth）團隊成員，謝謝你們全心的支持與指引，在各方面，你們堪稱專業模範。

感謝斯蒂芬・貝里教授（Professor Stephen Berry），您願意相信我，為我勇於甘冒風險，不怕得罪人。您教我「給予他人支持」這項價值觀。

最後，我要感激我在貝爾維尤小鎮的所有家人朋友，以及愛荷華州當地鄉親。身為「鷹眼愛荷華州人」，我著實幸運，深感驕傲。鷹眼愛荷華州人加油！

參考文獻

前言

1. Socrates tells us that the secret to happiness is found not in seeking: Quotes by Socrates, Confucius, and Aristotle from Chris Weller, "12 of History's Greatest Philosophers Reveal the Secret to Happiness," Business Insider, May 18, 2016, http://www.businessinsider.com/12 -philosophers-share-quotes-on-happiness-2016-5.

2. Even modern research shows that, to quote one study, "close relationships" :Liz Mineo, "Good Genes Are Nice, but Joy Is Better," Harvard Gazette, April 11, 2017, https://news.harvard.edu/gazette/story/2017/04/over-nearly-80-years-harvard-study-has-been-showing-how-to-live-a-healthy-and-happy-life.

3. Half of Americans aren't satisfied at their jobs: Pew Research Center, "How Americans View Their Jobs," October 6, 2016, http://www.pewsocialtrends.org/2016/10/06/3-how-americans-view-their-jobs.

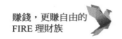
4. According to research published in Nature, there is an optimal point:Andrew T. Jebb, Louis Tay, Ed Diener, and Shigehiro Oishi, "Happiness, Income Satiation and Turning Points around the World," NatureHuman Behavior, January 8, 2018, https://www.nature.com/articles/s41562-017-0277-0.

5. In 2017, consumer debt hit a record high at nearly $13 trillion: Alan Kline, "Slideshow: The Warning Signs in Consumer Credit Data," American Banker, February 11, 2018, https://www.americanbanker .com/slideshow/the-warning-signs-in-consumer-credit-data.

6. A 2016 survey reported that 69 percent of Americans have less than: Niall McCarthy, "Survey: 69% Of Americans Have Less Than $1,000 In Savings [Infographic]," Forbes, September 23, 2016, https://www.forbes.com/sites/niallmccarthy/2016/09/23/survey-69-of-americans-have-less-than-1000-in-savings-infographic/#5c8e0beb1ae6.

7. A few years ago, a Wells Fargo survey found that money ranked: Chris Taylor, "The Last Taboo: Why Nobody Talks about Money," Reuters, March 27, 2014, https://www.reuters.com/article/us-money-conversation/the-last-taboo-why-nobody-talks-about-money-idUSBREA2Q1UN20140327.

第 1 章

1. I was curious about this episode's odd title, "Mr. Money Mustache"：Tim Ferriss, "Mr. Money Mustache — Living Beautifully on $25–27K Per Year," The Tim Ferriss Show, February 13, 2017, https://tim.blog/2017/02/13/mr-money-mustache.

2. The "4 percent rule," also referred to as the "safe withdrawal rate"：Philip L. Cooley, Carl M. Hubbard, and Daniel T. Walz, "Retirement Savings: Choosing a Withdrawal Rate That Is Sustainable," AAIIJournal, February 1998, https://incomeclub.co/wp-content/uploads/2015/04/retirement-savings-choosing-a-withdrawal-rate-that-is-sustainable.pdf.

第 2 章

1. a couple who retired in their thirties with three kids: Kathleen Elkins, "Couple That Saved $1 Million to Retire in Their 30s Share Their No.1 Money Saving Tip," CNBC Make It, April 10, 2017, https://www.cnbc.com/2017/04/10/couple-that-retired-in-their-30s-share-their-no-1-money-saving-tip.html.

2. A man who put aside 70 percent of his IT salary: Kathleen Elkins, "This Couple Retired in Their 30s and Are Now Traveling Full Time in an Airstream," CNBC Make It, October 19, 2017, https://www.cnbc.com/2017/10/19/couple-retired-in-

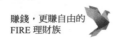
their-30s-and-are-now-traveling-in-an-airstream.html.

3. A couple who got rid of their house and four cars: Anna Bahney, "This Couple Is on Track to Retire — before They Turn 40," CNN Money, June 7, 2017, http://money.cnn.com/2017/06/05/retirement/retire-early/index.html.

4. a couple who used real estate investing: Emmie Martin, "These 30-Something School Teachers Retired with Over \$1 Million after Only 8 Years of Work — Now They Travel the World," Business Insider, January 22, 2017, http://www.businessinsider.com/teachers-early-retirement-traveling-the-world-2017-1.

5. a blog post written by Mr. Money Mustache: "The Shockingly Simple Math behind Early Retirement," Mr. Money Mustache, January 13, 2012, https://www.mrmoneymustache.com/2012/01/13/the-shockingly-simple-math-behind-early-retirement.

第 3 章

1. In the early years of his relationship with his wife, Jill: Mrs. Frugalwoods, "How NOT to Pursue Financial Independence," Frugalwoods, January 6, 2016, https://www.frugalwoods.com/2016/01/06/how-not-to-pursue-financial-independence.

2. What really changed Taylor's thinking was an episode of the

ChooseFI podcast: Jonathan Mendonsa and Brad Barrett, "The Pillars of FI," ChooseFI, May 1, 2017, https://www.choosefi.com/021-pillars-of-fi.

第 4 章

1. To make this plan, we relied heavily on a post written by Mr. Money Mustache: "The Shockingly Simple Math Behind Early Retirement," Mr. Money Mustache, January 13, 2012, https://www.mrmoneymustache.com/2012/01/13/the-shockingly-simple-math-behind-early-retirement.

2. The Frugalwoods family wrote that they paid to eat out only two times a year: Mrs. Frugalwoods, "How We Broke Our Eating Out Habit in 9 Steps," Frugalwoods, July 6, 2015, https://www.frugalwoods.com/2015/07/06/how-we-broke-our-eating-out-habit-in-9-steps.

3. Brad from the ChooseFI podcast mentioned: Jonathan Mendonsa and Brad Barrett, "Friday Roundup: Paul Case Study Part 4," ChooseFI, June 2, 2017, https://www.choosefi.com/025r-friday-roundup-paul-case-study-part-4.

4. And Pete from Mr. Money Mustache continually espoused: "Is a Costco Membership Worth the Price?," Mr. Money Mustache, September 30, 2011, https://www.mrmoneymustache.com/2011/09/30/is-a-costco-membership-worth-the-cost.

5. I used the "Latte Factor Calculator" created by Financial
   Mentor: "Latte Factor Calculator," Financial Mentor, accessed
   August 29,2018, https://financialmentor.com/calculator/latte-
   factor-calculator.

第 5 章

1. Economists call this the "sunk cost fallacy" : "Sunk Cost
   Fallacy," behavioraleconomics.com, accessed August 29,
   2018, https://www.behavioraleconomics.com/resources/mini-
   encyclopedia-of-be/sunk-cost-fallacy.

2. As Mr. Money Mustache points out in his article "Top 10 Cars" :
   "Top 10 Cars for Smart People," Mr. Money Mustache, March
   19,2012, https://www.mrmoneymustache.com/2012/03/19/top-
   10-cars-for-smart-people.

第 6 章

1. a thread on Reddit titled "Documentaries relevant to FIRE" :
   "DocumentariesRelevant to FIRE," Reddit (r/financial
   independence), accessed August 29, 2018, https://www.reddit.
   com/r/financialindependence/comments/80a2p7/documentaries_
   relevant_to_fire.

2. Mr. Money Mustache had reached more than twenty-three

million people: Tim Ferriss, "Mr. Mustache — Living Beautifully on $25–27K Per Year," The Tim Ferriss Show, accessed August 29, 2018, https://tim.blog/2017/02/13/mr-money-mustache.

3. there are nearly 400,000 people on the Financial Independence subreddit: "Initial Financial Independence Survey Results Are Here!," Reddit (r/financial independence), accessed August 29, 2018, https://www.reddit.com/r/financialindependence.

4. Amazingly enough, they mentioned the documentary project: Jonathan Mendonsa and Brad Barrett, "Friday Roundup: Paul Case Study Part 4," ChooseFI, June 9, 2017, https://www.choosefi.com/026r-friday-roundup.

第 7 章

1. Geo-arbitrage, a term made popular by Tim Ferriss: "Introduction to Geoarbitarge," Alt Lifehack, June 15, 2009, https://altlifehack.wordpress.com/2009/06/15/introduction-to-geoarbitrage.

第 8 章

1. JL has a "Stock Series" : JL Collins, "Stock Series" (The Simple Path to Wealth), jlcollinsnh, accessed August 29, 2018, http://jlcollinsnh.com/stock-series.

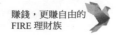
2. When he was recently asked how he would invest his first million dollars: Tim Ferriss, "Picking Warren Buffett's Brain: Notes from a Novice, The Tim Ferriss Show, accessed August 29, 2018, https://tim.blog/2008/06/11/061108-picking-warren-buffetts-brain-notes-from-a-novice.

3. In his 2014 bestseller Money: Master the Game, Tony Robbins describes how: Tony Robbins, Money: Master the Game (New York: Simon & Schuster, 2014), 488–89.

4. Then I heard Brad Barrett of the ChooseFI podcast: Jonathan Mendonsa and Brad Barrett, "Let's Talk about Fees: Why Investment Fees Are Evil and How to Avoid Them," ChooseFI, December 23, 2016, https://www.choosefi.com/003-investment-fees-evil-avoid.

第 9 章

1. FinCon, one of the largest personal finance media conferences in the world: "Over 1,500 Personal Finance Experts and Enthusiasts to Gather at FinCon, 'the Comic-Con of Money,' in Dallas This October," PRLeap, October 10, 2017, http://www.prleap.com/pr/258254/over-1500-personal-finance-experts-and.

2. we were in an unprecedentedly strong and long-lasting bull market: Michael Santoli, "Second Longest Bull Market Ever Aging Gracefully but Investors Wonder How Long It Will Last,"

CNBC, September 13, 2017, https://www.cnbc.com/2017/09/13/
second-longest-bull-market-ever-aging-gracefully-but-investors-
wonder-how-long-it-will-last.html.

3. One of the most popular techniques is a Roth conversion
   ladder: "How to Access Retirement Funds Early," Mad Fientist,
   accessed August 29, 2018, https://www.madfientist.com/how-to-
   access-retirement-funds-early.

4. Using the free "Buy vs. Rent" calculator offered by the New
   York Times: Mike Bostock, Shan Carter, and Archie Tse, "Is
   It Better to Rent or Buy?," New York Times (The Upshot),
   accessed August 29, 2018, https://www.nytimes.com/
   interactive/2014/upshot/buy-rent-calculator.html.

第 10 章

1. I had read an article called "Financially Independent Retired
   Early" : Steve, "Financially Independent Retired Early: Flaws
   with Philosophy?," Evergreen Small Business, July 23, 2017,
   https://evergreensmallbusiness.com/financially-independent-
   retired-early-flaws.

2. Pete from Mr. Money Mustache also makes this point:
   "Happiness Is the Only Logical Pursuit, Mr. Money Mustache,
   June 8, 2016, https://www.mrmoneymustache.com/2016/06/08/
   happiness-is-the-only-logical-pursuit.

第 11 章

1. I read a Washington Post article about Bend: Nathan Borchelt, "Bend, Ore., a City You'll Love to Hate," Washington Post (Travel), October 12, 2012, https://www.washingtonpost. com/lifestyle/travel/bend-ore-the-city-youll-love-to-hate/2012/10/04/9a7e2f10-042e-11e2-91e7-2962c74e7738_ story.html.

2. Then I remembered an interview with financial expert Michael Kitces: "Michael Kitces — The 4% Rule and Financial Planning for Early Retirement," Mad Fientist, accessed August 29, 2018,https://www.madfientist.com/michael-kitces-interview.

第 12 章

1. our trip coincided with the island's heaviest rainfall in recorded history: John Hopewell, "Historic Rain Inundates Kauai, Cutting Off Hawaii Residents and Tourists with Floods and Mudslides," WashingtonPost, April 17, 2018, https://www.washingtonpost. com/news/capital-weather-gang/wp/2018/04/17/historic-rain-inundateskauai-cutting-off-hawaii-tourists-with-floods-and-mudslides/?utm_term=.919bea8b7e83.

2. Wim Hof, a.k.a. "The Iceman," proved: "Learn Everything You Need to Know about the Wim Hof Method," Wim Hof Method,accessed August 29, 2018, https://www.wimhofmethod.

com.

3. The eight-mile round-trip is frequently used as training for hikers planning: Christy Karras, "A First-Timer's Primer for Hiking Mount Si without Tears," Seattle Times (Travel), September 14, 2016, https://www.seattletimes.com/life/travel/a-first-timers-primer-for-hiking-mount-si-without-tears.

翻轉學 翻轉學系列 029

賺錢，更賺自由的 FIRE 理財族

低薪、負債、零存款、打工族……也能達到財務自由，享受人生

Playing with FIRE (Financial Independence Retire Early): How Far Would You Go
for Financial Freedom?

作　　　者	史考特・瑞肯斯（Scott Rieckens）
譯　　　者	葉婉智
總 編 輯	何玉美
主　　　編	林俊安
責任編輯	鄒人郁
封面設計	張天薪
內文排版	黃雅芬

出版發行	采實文化事業股份有限公司
行銷企劃	陳佩宜・黃于庭・馮羿勳・蔡雨庭
業務發行	張世明・林踏欣・林坤蓉・王貞玉・張惠屏
國際版權	王俐雯・林冠妤
印務採購	曾玉霞
會計行政	王雅蕙・李韶婉
法律顧問	第一國際法律事務所　余淑杏律師
電子信箱	acme@acmebook.com.tw
采實官網	www.acmebook.com.tw
采實臉書	www.facebook.com/acmebook01

I S B N	978-986-507-113-4
定　　　價	360 元
初版一刷	2020 年 5 月
劃撥帳號	50148859
劃撥戶名	采實文化事業股份有限公司
	104 台北市中山區南京東路二段 95 號 9 樓
	電話：(02)2511-9798　傳真：(02)2571-3298

國家圖書館出版品預行編目

賺錢，更賺自由的 FIRE 理財族：低薪、負債、零存款、打工族……
也能達到財務自由，享受人生 / 史考特・瑞肯斯著；葉婉智譯 – 台北
市：采實文化，2020.5
304 面；14.8×21 公分 . --（翻轉學系列；29）
譯自：Playing with FIRE (Financial Independence Retire Early): How
　　　Far Would You Go for Financial Freedom?
ISBN 978-986-507-113-4（平裝）

1. 個人理財　2. 生涯規劃

563　　　　　　　　　　　　　　　　　　　　　109003378

Playing with FIRE (Financial Independence Retire Early): How Far Would You Go
for Financial Freedom?
Copyright © 2019 by Scott Rieckens
First published in the United States of America by New World Library.
Traditional Chinese edition copyright ©2020 by ACME Publishing Co., Ltd.
through The Artemis Agency
All rights reserved.

采實文化 采實文化事業有限公司

104台北市中山區南京東路二段95號9樓

采實文化讀者服務部　收

讀者服務專線：02-2511-9798

賺錢 ▶ 更賺自由的

FIRE
理財族

低薪、負債、零存款、打工族……也能達到財務自由，享受人生

PLAYING WITH FIRE
FINANCIAL INDEPENDENCE RETIRE EARLY
How Far Would You Go for Financial Freedom?

Scott Rieckens
史考特·瑞肯斯——著

葉婉智——譯

翻轉學 翻轉學系列 專用回函

系列：翻轉學系列029
書名：**賺錢，更賺自由的FIRE理財族**

讀者資料（本資料只供出版社內部建檔及寄送必要書訊使用）：

1. 姓名：

2. 性別：□男　□女

3. 出生年月日：民國　　　　年　　　　月　　　　日（年齡：　　　　歲）

4. 教育程度：□大學以上　□大學　□專科　□高中（職）　□國中　□國小以下（含國小）

5. 聯絡地址：

6. 聯絡電話：

7. 電子郵件信箱：

8. 是否願意收到出版物相關資料：□願意　□不願意

購書資訊：

1. 您在哪裡購買本書？□金石堂　□誠品　□何嘉仁　□博客來
   □墊腳石　□其他：_____（請寫書店名稱）

2. 購買本書日期是？_____年_____月_____日

3. 您從哪裡得到這本書的相關訊息？□報紙廣告　□雜誌　□電視　□廣播　□親朋好友告知
   □逛書店看到　□別人送的　□網路上看到

4. 什麼原因讓你購買本書？□喜歡商管類書籍　□被書名吸引才買的　□封面吸引人
   □內容好　□其他：_____（請寫原因）

5. 看過書以後，您覺得本書的內容：□很好　□普通　□差強人意　□應再加強　□不夠充實
   □很差　□令人失望

6. 對這本書的整體包裝設計，您覺得：□都很好　□封面吸引人，但內頁編排有待加強
   □封面不夠吸引人，內頁編排很棒　□封面和內頁編排都有待加強　□封面和內頁編排都很差

寫下您對本書及出版社的建議：

1. 您最喜歡本書的特點：□實用簡單　□包裝設計　□內容充實

2. 關於理財投資的訊息，您還想知道的有哪些？
   _____
   _____

3. 您對書中所傳達的內容，有沒有不清楚的地方？
   _____
   _____

4. 未來，您還希望我們出版哪一方面的書籍？
   _____
   _____

翻轉學

翻轉學

翻轉學

翻轉學